競 技 力 が 上 が る 体 づ く り

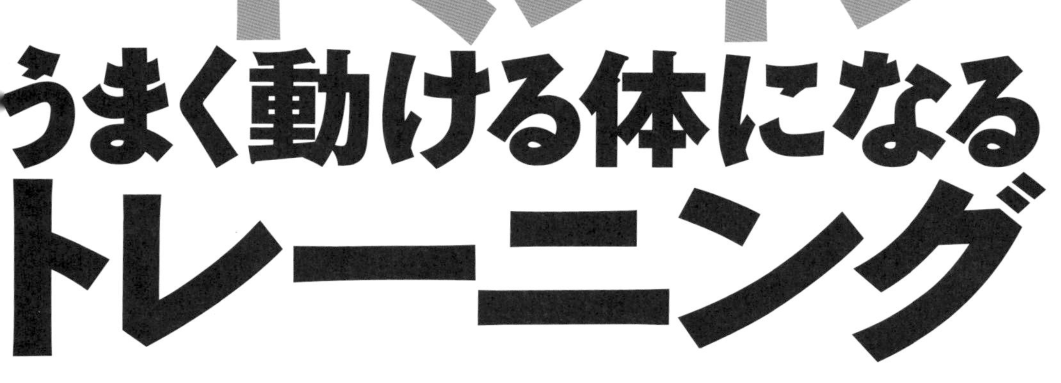
バドミントン
うまく動ける体になる
トレーニング

JN110101

著 神田潤一

ベースボール・マガジン社

# はじめに
# 誰もが体を上手に使えるようになる

これまで、バドミントン日本代表チームのトレーナーとしてさまざまな国際大会に帯同し、日本代表選手はもちろんのこと、海外のトップレベルの選手の動きを直接見る機会が多くありました。

トップレベルで活躍する選手は、体を上手に使っています。“体を上手に使う”とは、ムダな動きがなく、しなやかな動きになっているなど、効率の良い体の使い方をしているということです。

世界で活躍するトップの選手においても、日々の練習で技術を高める努力はもちろんしていますが、多くの選手は基本的には自分自身の感覚で体を上手に使う能力が優れています。そのような選手はどうしたら強い球が打てるか、どうしたら速く動けるかなど、バドミントンに必要な体の使い方を感覚で実行に移すことができます。

では、感覚で体を上手に使えない選手は、トップレベルの選手のようになれないのでしょうか。私はそうではないと考えます。効率の良い体の動かし方が感覚でわからない選手でも、必要なところに必要な筋肉をつけ、効率の良い動きを身につけ、体をうまく使うための土台をつくることができれば、誰もが体を上手に使ってバドミントンができる可能性があります。

そこで、本書ではバドミントン選手として体を上手に使うために必要なトレーニングを考案しました。今まで、当たり前のように行ってきた動き方を変えるというのは難しいことですが、トレーニングを通して新たな自分に向けてチャレンジしてもらえたらと思います。本書が、バドミントンをさらにうまくできるようにしたいと願う人たちのために、少しでも力になれれば幸いです。

神田潤一

# Contents



！ まずは1章を読み
2章のトレーニングを継続

Step ❸

## 4章 体づくり応用メニュー……92



## 5章 ストレッチング……116



## 6章 体チェック&改善エクササイズ……136

Contents



デザイン　チックス.
写真　黒崎雅久
イラスト　田中祐子
　丸口洋平
編集協力　吉井信行
　プロランド

本書で紹介する種目を実施した結果生じた事故や傷害について、著者・発行者は責任を負いません。ご了承ください。

# 本書の内容と使い方

本書では、バドミントンの競技力アップに役立つ、体づくりのトレーニングを紹介しています。まずは、第1章の姿勢に関する項目と、第2章のStep1のメニューに取り組んでみましょう。そして、目的に応じて第3章からの応用メニューや第5章のストレッチングなどにトライしてみてください。

| | |
|---|---|
| **必ず読んでほしい項目** | **第1章 バドミントン選手の姿勢**<br>**第2章 必ず行いたい基本メニュー** |
| **応用トレーニング** | **第3章** 少し強度を上げた基本メニュー<br>**第4章** 体づくり応用メニュー |
| **ストレッチング&エクササイズ** | **第5章** ストレッチング<br>**第6章** 体チェック&改善エクササイズ |

## トレーニングの基本ページ

**一覧**
Step1ではメニューを一覧掲載。詳細を読まなくても、すぐにトレーニングに取り組める。

(アイコン) このページで紹介されている種目が、バドミントンにどう役立つかなど。

**主な動作やねらい**
トレーニングの端的な説明と強化項目。自分に必要な種目の選択に便利。

**目的** そのトレーニングの目的や、バドミントンにどう役立つかなど。

**回数** **時間**
目安となる1セットあたりの回数や時間。どの種目も1~3セットの範囲で行う。

**難易度**
動きの難しさやトレーニング強度が上がるにつれて星の数が増える。選択に便利。

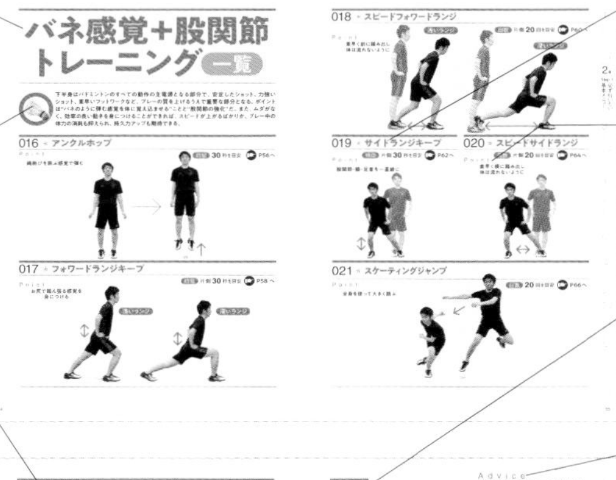

バネ感覚+股関節トレーニング 一覧
016 アンクルホップ
017 フォワードランジキープ
018 スピードフォワードランジ
019 サイドランジキープ
020 スピードサイドランジ
021 スケーティングジャンプ


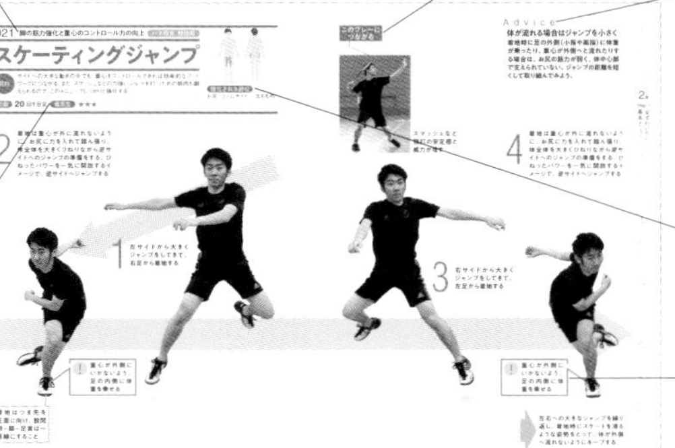

021 脚の筋力強化と重心のコントロール力の向上
スケーティングジャンプ


**種目名**
種目名の下には回数(時間)、詳細を掲載したページを明記。

**Point**
トレーニング中の動きの注意点やポイントをひとことで説明。

**このプレーにつながる**
その種目がバドミントンのどんな動きにつながるかの一例。

**Advice/Variation**
トレーニング時のさらなる助言・応用的なアドバイスや、強度を上げる場合などのバリエーションの説明。

**強化される部位**
**伸ばされる部位**
意識したい、ターゲットとなる主な体の部位。

**!**
トレーニング時に、ポイントとなることや注意したいこと。

## 姿勢についてのページ

トレーニングを行ううえで、知っておくべき良い姿勢と悪い姿勢の違いについて。

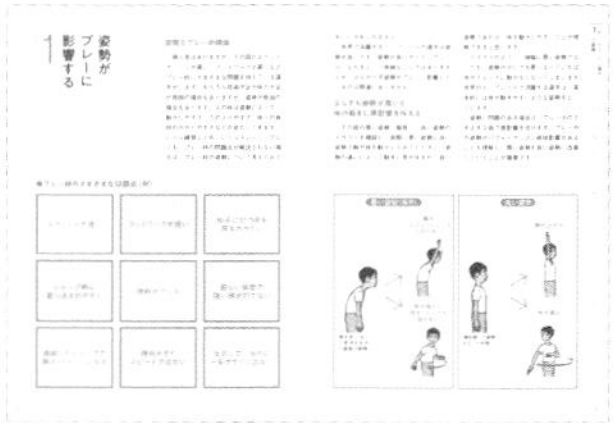

## 体の柔軟性や不安定性チェックのページ

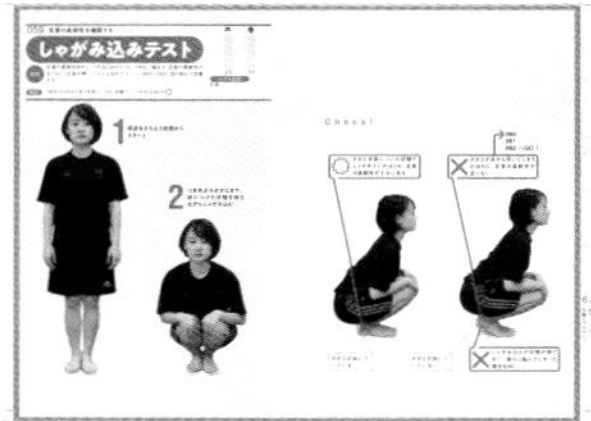

しゃがみ込みテスト


バドミントンにおいて重要な箇所の、柔軟性と不安定性のテスト。改善方法とあわせて紹介。

1
章

# バドミントン選手の姿勢

バドミントンのパフォーマンスを向上させることが、トレーニングを行う目的です。
しかし、姿勢が悪ければ体を効率良く動かすことはできません。
トレーニングに入る前に、まずは良い姿勢について学びましょう。

# 姿勢は体を効率良く動かす重要な要素

バドミントンのパフォーマンスを向上させるためには、ムダのない動きと体全体をムチのように連動させる動かし方、つまり体を効率良く動かすことが必要不可欠になります。体を効率良く動かすためには、「良い姿勢」をとり、「体の中心部の筋肉」を使うことが重要になってきます。

そこで、まずは本章で姿勢についての理解を深め、次の章からトレーニングを通して体の中心部を鍛えると同時に、体の中心部を使って動く感覚を養っていきましょう。

世界で戦うトップレベルの選手たちは皆、姿勢が良いです。これは体を効率良く動かすうえでの重要な要素です。しかし、姿勢が悪い人が良い姿勢に直そうと思って、練習や試合のときにだけ意識をしていても、姿勢は良くなりません。1日24時間のうち、バドミントンをしている時間よりも、それ以外の日常の時間のほうが長いと思います。よってポイントになるのが、普段から正しい姿勢を心がけるということです。普段の姿勢は、プレー時にも必ず影響をもたらします。

姿勢が悪い選手は日常生活から意識を変え、トップレベルの選手たちのように良い姿勢をとり、効率の良い体の使い方を身につけることで、バドミントンのレベルアップにつなげていってください。

本書ではStep1からStep2、Step3と進むにつれて、紹介するトレーニングの強度が上がったり、応用的な動作が増えたりしますが、まずは「姿勢」についてのこの章と次章「Step1」だけを読んで、実行に移してみましょう。

後半のメニューを行うのは、トレーニングに対してさらに興味がわいたり、メニューに物足りなさを感じたりしたときだけでも十分です。

姿勢の意識および各種トレーニングの実施に関しては、痛みをともなったり、ケガをしていたりする場合には、すぐに中止して医師に相談してください。

# 1 姿勢がプレーに影響する

## 姿勢とプレーの関係

　個人差はありますが、下の図のようにスマッシュが遅い、フットワークが遅いなど、プレー時にさまざまな問題を抱えている選手がいます。もちろん技術不足や体力不足が原因の場合もありますが、姿勢が原因の場合もあります。人の体は姿勢によって、動かしやすさ、力の入りやすさ、体への負担のかかりやすさなどが変わってきます。いくら練習しても、いくらトレーニングしても、プレー時の問題点が解決されない場合は、プレー時の姿勢について考えてみて

●プレー時のさまざまな問題点（例）

| | | |
|---|---|---|
| スマッシュが遅い | フットワークが遅い | 相手に打つ球を読まれやすい |
| レシーブ時に差し込まれやすい | 体幹がブレる | 厳しい体勢で強い球が打てない |
| 連続したレシーブで腕がパンパンになる | 疲れやすくスピードが出ない | 反応しているのに一歩がすぐに出ない |

もいいかもしれません。

世界で活躍するトップレベルの選手は姿勢が良いです。姿勢が良いからトップレベルになれるという単純なことではありませんが、少なからず姿勢がプレーに影響しているのは間違いありません。

## 少しでも姿勢が悪いと体の動きに悪影響を与える

下の図の悪い姿勢（猫背）、良い姿勢のイラストを確認し、実際に悪い姿勢と良い姿勢で腕や体を動かしてみてください。姿勢の違いによって動きに差が生まれ、良い姿勢であれば、体を動かしやすいことが理解できると思います。

イラストのように、極端に悪い姿勢でなくても、姿勢が少しでも悪くなっていれば、体がスムーズに動かなくなってしまいます。世界のトップレベルで活躍する選手は、基本的には体が動きやすいような姿勢をとっています。

姿勢に問題のある場合は、プレー中のさまざまな面で悪影響を受けます。プレー中の姿勢がパフォーマンスに直接影響があることを理解し、悪い姿勢を良い姿勢に改善していくことが重要です。

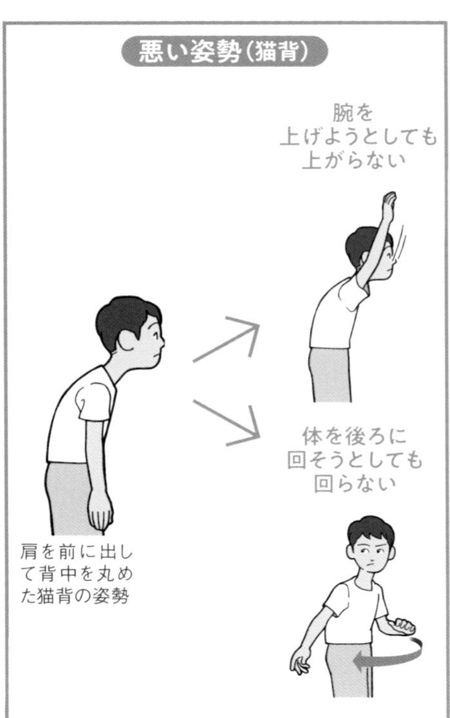
悪い姿勢（猫背）
腕を
上げようとしても
上がらない
体を後ろに
回そうとしても
回らない
肩を前に出して背中を丸めた猫背の姿勢

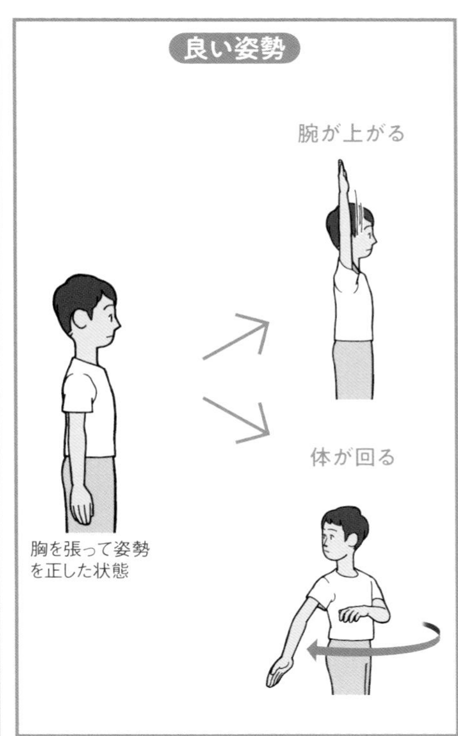
良い姿勢
腕が上がる
体が回る
胸を張って姿勢を正した状態

# 2 日常生活の姿勢から見直そう

## 立位と座位の良い姿勢とは

日常生活の姿勢はプレーに影響します。姿勢が悪い場合は日常生活から見直しましょう。ここでは、日常生活でとることの多い立位と座位の姿勢について解説します。

立位でも座位でも、意識する部分は基本的には同じです。とくに座位は、学校の授業やデスクワーク、車の運転など、日常生活において とる機会は多くあります。間違った姿勢をとり続けていると癖になってしまい、立位姿勢やプレー時の姿勢に悪影響を及ぼすので、しっかり改善してください。

○

**良い立位姿勢**

❶骨盤をまっすぐに立てる（ほんの少し前傾）
❷頭の頂点から糸で引っぱられているように意識する
❸アゴを後ろに軽く引き、お腹にはふんわりと少し力を入れる
❹お腹以外の手足はなるべく力を抜きリラックスする

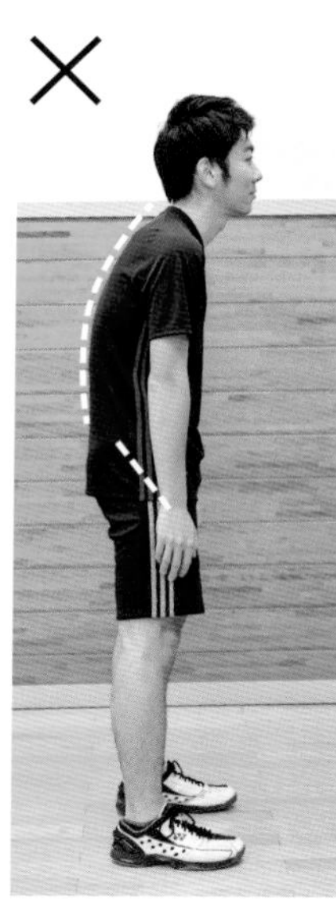
×

**骨盤後傾位**

骨盤が後ろに倒れて、背骨が曲がっている。いわゆる猫背の姿勢。体の中心部に力が入りづらく、手足に余計な力が入り、プレー時に力みやすくなってしまう。また、重心が後ろにあるため動き出しが遅くなるデメリットもある

×

**骨盤前傾位**

骨盤が前に倒れすぎて、腰が反っている姿勢。お腹に力が入っておらず、下半身から伝わってきた力が逃げやすい。重心が前すぎるため、後ろ方向への動き出しがとくに遅く、腰がつねに反っているため、腰痛の原因にもなる

> ！ 背すじを無理やり伸ばすような形で、背中に力が入るのはNG。プレー時の力みにつながってしまう。お腹以外はなるべく力を抜いた状態で、良い姿勢をとれるようにすることが大切。

## 良い座位姿勢

❶骨盤をまっすぐに立てる(ほんの少し前傾)
❷頭の頂点から糸で引っぱられているように意識する
❸アゴを後ろに軽く引き、お腹にはふんわりと少し力を入れる
❹お腹以外の手足はなるべく力を抜きリラックスする

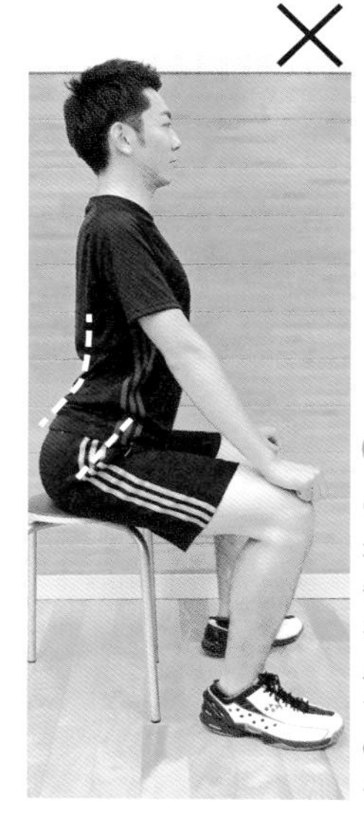

## 骨盤前傾位

骨盤が前に倒れすぎて、腰がつねに反っている。立位姿勢と同じく、腰痛の原因になるので気をつけたい。姿勢良く座ろうとするが、お腹に力が入っていない場合は、この姿勢をとってしまうことがあるので注意

## 骨盤後傾位

骨盤が後ろに倒れて、背骨が曲がっている。座位姿勢では、骨盤後傾位をとっている人が多く、この状態で勉強や仕事などをすると、さらに猫背の度合いが強くなり、体の負担が増してしまう。腰痛の原因にもなるので注意

! 椅子の構造によっては、骨盤を立てるのが難しいことがある。その場合は、クッションなどをお尻に敷き、骨盤を立てやすいように工夫しよう。

## その他の座位姿勢

床に座る場合も、骨盤のポジションを意識して、良い姿勢をとれるようにする。股関節が硬い場合は良い姿勢をとることが難しく、股関節の柔軟性を改善する必要がある

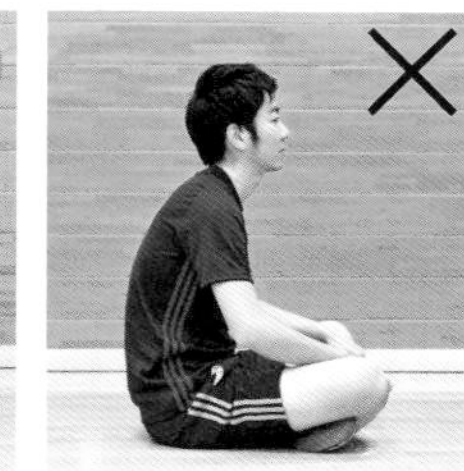

# 3 良い姿勢でプレーし体を上手に使う

## バドミントンと姿勢

トップレベルの選手は姿勢が良いです。姿勢が良いと動きやすく、体はうまく連動するため、フットワークが速くなり、速いスマッシュが打て、コントロールが良くなるなど、プレーの質が上がります。

## 体全体を連動させてシャトルを打つとは?

シャトルを打つ際に、体をうまく連動させるとはどういうことなのか。下の図を見てイメージしてみましょう。

## 体をムチのように使おう

当たり前の話ですが、大きな力を発揮する部分をできるだけ使い、ムチのように連動させることで、シャトルを速く、強く打つことができます。手打ちの人は、肩より先の力（図❸）しか使えていません。下半身と胴体の力を上手に使えるようになることが重要になってきます（図❺）。

## 下半身の力をシャトルに伝える

大きな力を発揮する下半身と胴体の力を使うといっても、大振りするということではありません。少し難しい話になりますが、手打ちも体全体を使った打ち方も、外から見ていると、あまり違いがないように見えるかもしれません。

どちらの打ち方も、肩より先が大きく動きます。しかし、うまく連動させた打ち方は、動作の開始が下半身となるため、打っている感覚としては、あまり力を入れていないようで、実際はスイングスピードが速くなり、強い球が放たれるようになります。どれだけコンパクトに打ったとしても、動作の開始は下半身が理想です。

## 力みについて

全力でスマッシュを打とうとして、腕に目一杯力を入れて打っても、あまり球が走

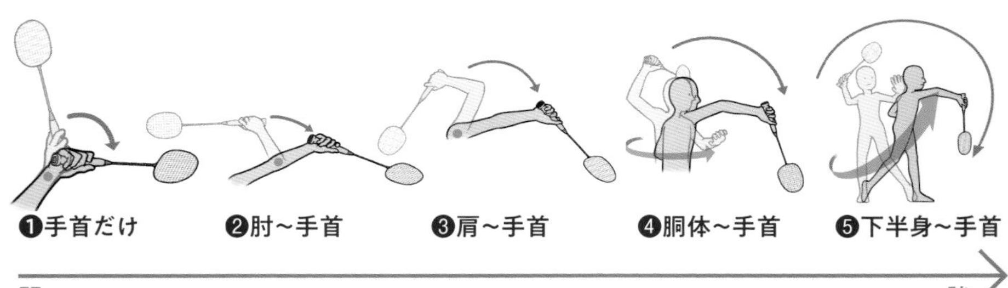
❶手首だけ
❷肘～手首
❸肩～手首
❹胴体～手首
❺下半身～手首
弱
強

らなかったという経験はないでしょうか。これは手打ちになっているのが原因で、このように力んで打っていると球が走らないばかりか、ミスをしやすく、バテやすく、なおかつ肩や肘にストレスがかかり、ケガにつながってしまいます。

体をうまく連動させて打てるようになると、それほど腕に力を入れていないのに球が走るようになり、コントロールしやすくなる、打つ球が読まれにくくなる、ケガをしにくくなるなど、多くのメリットがあります。

## プレー時の姿勢について

プレー時の姿勢のポイントは、基本的には立位姿勢（P12）と同じです。骨盤を立て、お腹にはつねにふんわりと力が入っており、手足はなるべくリラックスさせます。シャトルを打つときも、フットワークできる範囲で、〝楽に〞、〝強く〞力を出せるようにすれば、コツがつかめてくるかもしれません。

ただし、バドミントンの技術については、さまざまな考え方があるので、すべてのプレーに当てはまるわけではありません。自分で考えて、必要に応じて意識してみましょう。

## トレーニングも良い姿勢で

本書のトレーニングについても、良い姿勢を最大限に意識して行いましょう。悪い姿勢でトレーニングを行っても、効果が上がらないばかりか、プレー時にも悪い影響を及ぼします。理想は、日常生活でもトレーニングでも良い姿勢を保つことで、プレー時にとくに意識しなくても、自然と良い姿勢をとれることです。

継続は力なりです。一度身についてしまった悪い姿勢を改善することは大変ですが、日々の積み重ねが自分を高みへ導くと信じて取り組みましょう。

## まずはStep1のトレーニングを継続

姿勢もトレーニングも継続が大切です。本書では、継続しやすいように、最低限のトレーニングとしてStep１を考案しました。以下の図表に示したとおり、５つのポイントを強化することで、体を上手に使えるようになります。

各自１日のスケジュールを工夫し、まずはStep１（２章）のトレーニングを継続しましょう。

### ●体を上手に使えるようになるための流れ

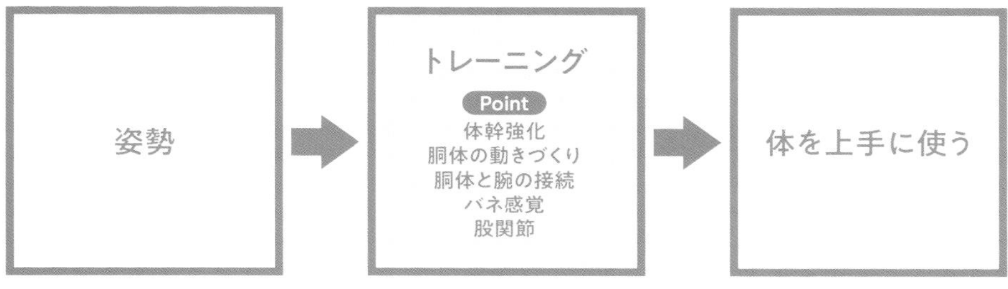
姿勢
トレーニング
Point
体幹強化
胴体の動きづくり
胴体と腕の接続
バネ感覚
股関節
体を上手に使う

2章

Step 1

# 必ず行いたい基本メニュー

第2章で紹介するStep1のメニューはいずれも、バドミントン選手であれば必ず行ってもらいたいトレーニングです。大きく分けて体幹強化、胴体の動きづくり、胴体と腕の接続、バネ感覚、股関節と5つの強化ポイントがあり、バランスよく鍛えることで競技力の向上につながります。

# 効率的な体の動かし方を身につける

そもそも、何のためにトレーニングを行うかといえば、“バドミントンのパフォーマンスを向上させる”ためです。目的を理解しないままトレーニングに取り組んでも、競技でのパフォーマンスが向上しないばかりか、ケガにつながる恐れもあります。パフォーマンスを向上させるためには、効率的に体を動かすことが大切で、効率的に体を動かすためには、“良い姿勢をとること”と“体の中心部を使うこと”が重要になります。姿勢については第１章を見てください。

体の中心部を使うためには５つのポイント（下の表）があり、Step1では５つのポイントをおさえ、体を効率よく使えるようになるためのメニューを厳選しました。本書の中でも一番重要なメニューになりますので、まずはStep1のメニューだけでも、継続的に取り組み、体を変えていきましょう。

**体の中心部を使うためのポイント**

| | |
|---|---|
| **Point1** 体幹強化 | 体幹を安定させるために必要な腹筋を中心に強化する |
| **Point2** 胴体の動きづくり | 体全体をムチのように使うために必要な<br>胸椎（背骨の胸部分）の動きを出す |
| **Point3** 胴体と腕の接続 | 下半身→胴体と伝わってきた力を効率よく腕に伝える |
| **Point4** バネ感覚 | バネのような弾性エネルギーを利用して<br>爆発的に動く感覚を養う |
| **Point5** 股関節 | 体の中でも大きな筋肉がついており、<br>すべての動きのエンジンとなる部分を強化する |

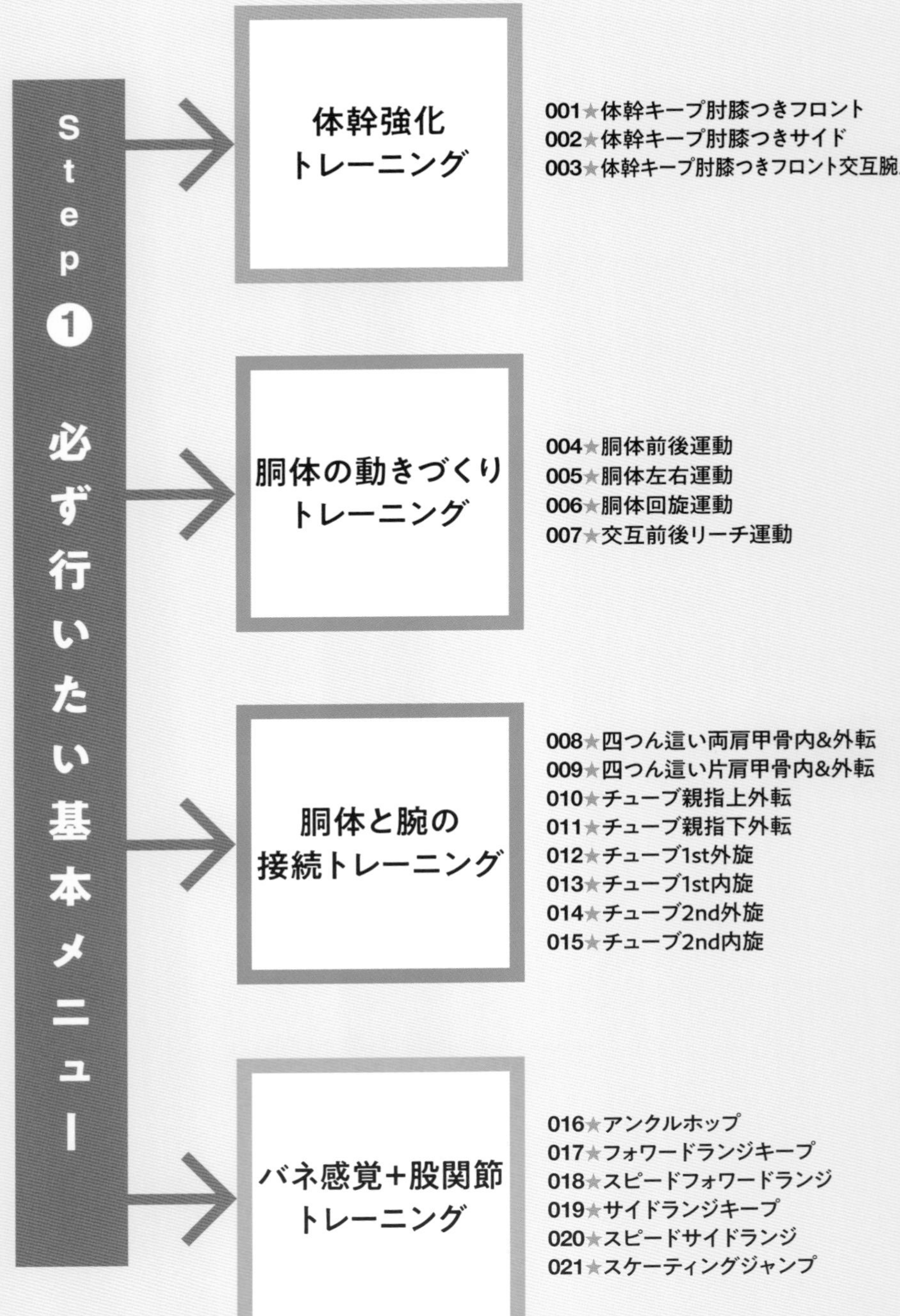
Step 1 必ず行いたい基本メニュー
体幹強化トレーニング
001★体幹キープ肘膝つきフロント
002★体幹キープ肘膝つきサイド
003★体幹キープ肘膝つきフロント交互腕上げ
胴体の動きづくりトレーニング
004★胴体前後運動
005★胴体左右運動
006★胴体回旋運動
007★交互前後リーチ運動
胴体と腕の接続トレーニング
008★四つん這い両肩甲骨内&外転
009★四つん這い片肩甲骨内&外転
010★チューブ親指上外転
011★チューブ親指下外転
012★チューブ1st外旋
013★チューブ1st内旋
014★チューブ2nd外旋
015★チューブ2nd内旋
バネ感覚+股関節トレーニング
016★アンクルホップ
017★フォワードランジキープ
018★スピードフォワードランジ
019★サイドランジキープ
020★スピードサイドランジ
021★スケーティングジャンプ

# 体幹強化トレーニング 一覧

バドミントンにおいては力強いショット、安定したレシーブ、素早いフットワークなど、すべての動作を行ううえで、体幹は重要な役割を果たしている。体幹が弱く不安定だと、体が流れたり、手足に余計な力が入り、力みが生まれたりして動作の遅れやミスにつながってしまう。しかし、体幹が安定しているとムダな動きがなくなり、力みなく手足を自由に動かすことができる。とくに疲れてきたときに体幹が崩れやすいことが多いので、しっかりと強化し、相手よりもつねに優位な姿勢でプレーできるようにしよう。

## 001 ★ 体幹キープ肘膝つき フロント

時間 **1**分を目安 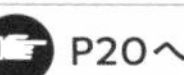 P20へ

Point

お腹に力を入れながら深呼吸

## 002 ★ 体幹キープ肘膝つき サイド

時間 片側**30**秒を目安  P22へ

Point

膝から頭まで一直線をキープ

## 003 ★ 体幹キープ肘膝つき フロント交互腕上げ

時間 **30**秒を目安（腕を**3**秒ずつ交互に上げる）

Point

 P24 へ

腕を上げても重心はセンター

001 体幹強化の基本トレーニング 体幹強化

# 体幹キープ肘膝つきフロント

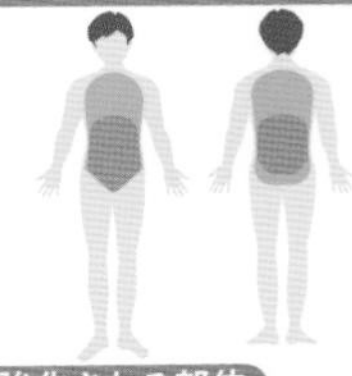

体の中心となる体幹（ここでは主にお腹まわり）を鍛えるトレーニング。体幹が安定することで、プレー中に手足が自由に動かせるようになるなど、バドミントンの全体的な動きの向上につながる。

強化される部位
胴体（とくにお腹）

時間 **1**分を目安 難易度 ★

両肘と両膝を床につけてお腹に力を入れ、膝から頭の先まで一直線の状態をキープ

! 腕や足に余計な力を入れず、お腹に力を入れて支える

姿勢をキープしながら深呼吸する

Advice

### お腹以外は力を抜く

お腹以外にももちろん力を入れないと状態を保つことはできないが、必要以上に力を入れないようにする。全身を固めるように力を入れると、プレー中の力みにつながるので注意。お腹以外はなるべくリラックスさせる意識で行う。002、003のメニューも同じ意識で行うこと。

お尻が上がって、腰から膝までが曲がっているのはNG
腰が落ちて、背中が反った状態になっているのはNG
全身に力が入り、体がこわばった状態はNG。お腹以外は体の力を抜く

002 体幹強化の基本トレーニング 体幹強化

# 体幹キープ肘膝つきサイド

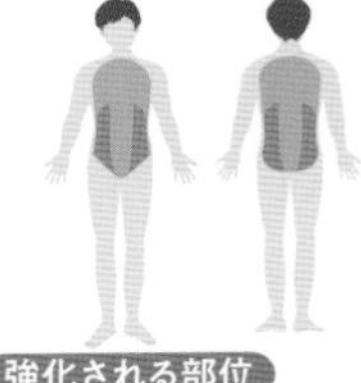

目的　体幹を強化して安定性を向上させるためのトレーニング。001のメニューでは、主に鍛えられる箇所が体幹（お腹まわり）の前と後ろだったのに対し、このメニューでは体幹のサイド（横）を強化することが目的。

強化される部位
胴体（とくに側腹）

時間　片側**30**秒を目安　　難易度　★

**片側の肘と膝の外側を床につけ、体を起こした状態でお腹に力を入れて姿勢をキープ**

**姿勢をキープしながら深呼吸する**

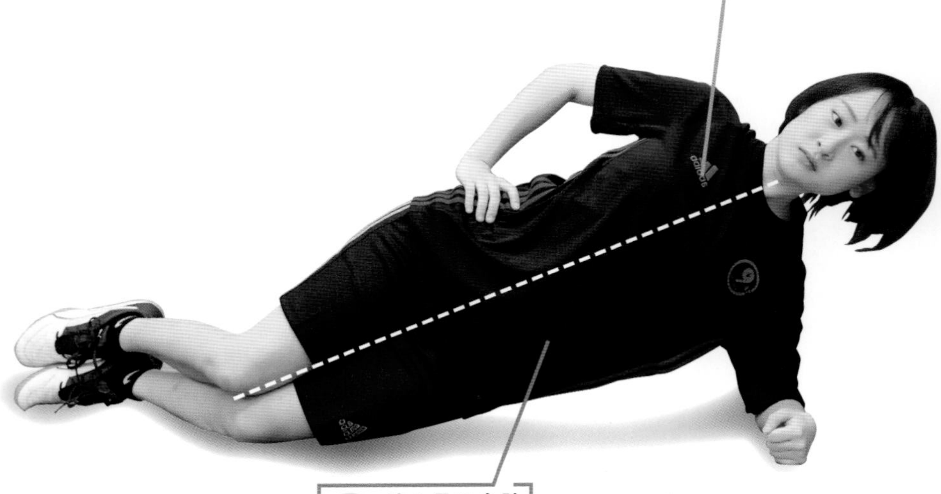

**！ 腕や足に余計な力を入れず、お腹に力を入れて支える**

## Advice

### きついときほど腹筋に力を入れる

しっかりと体幹を鍛えるためにも、お腹に力を入れた状態で姿勢をキープしよう。キープしている状態で腕や足に力が入っているようであれば、体幹で支えられていないという証。腕や足など余計な箇所の力を抜いて、姿勢を保つのがきつくなるほど腹筋に力を入れるイメージで取り組もう。

×
腕や足に力が入ってしまうだけではなく、写真のように体が後ろに傾いてしまうのもNG。お腹に力を入れても正しい姿勢を保てない場合は、目安の30秒よりも短い時間でトレーニングを行おう
○
体が傾かないようにするのが正しい

003 体幹強化の基本トレーニング 体幹強化

# 体幹キープ肘膝つきフロント交互腕上げ

目的

メニュー001の「体幹キープ肘膝つきフロント」から、少し強度を上げた体幹強化のトレーニング。片腕を上げることで、姿勢をキープするのは難しくなるが、より体幹（お腹まわりの前後）を鍛えることができる。

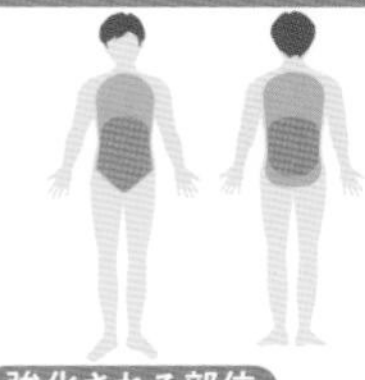

**強化される部位**
胴体（とくにお腹）

**時間** **30**秒を目安（腕を**3**秒ずつ交互に上げる）　**難易度** ★★

## 1

両肘と両膝を床につけてお腹に力を入れ、膝から頭の先まで一直線の状態をつくる

片側の手だけをまっすぐ前に伸ばす

## 2

片腕を前方へまっすぐ伸ばし、3秒キープして下ろす

! お腹に力を入れて姿勢をキープする

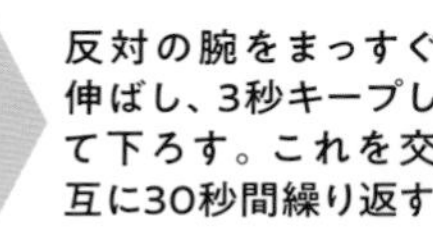

反対の腕をまっすぐ伸ばし、3秒キープして下ろす。これを交互に30秒間繰り返す

Advice

## 体の傾きをお腹の力でキープ

片側の手だけを前に伸ばすと、体は自然と手を上げていないほうへ傾き（下の左写真）、バランスをとろうとしてしまう。そこを、お腹まわりなどの体幹に力を入れて、膝から頭の先までを一直線の状態でキープしよう。

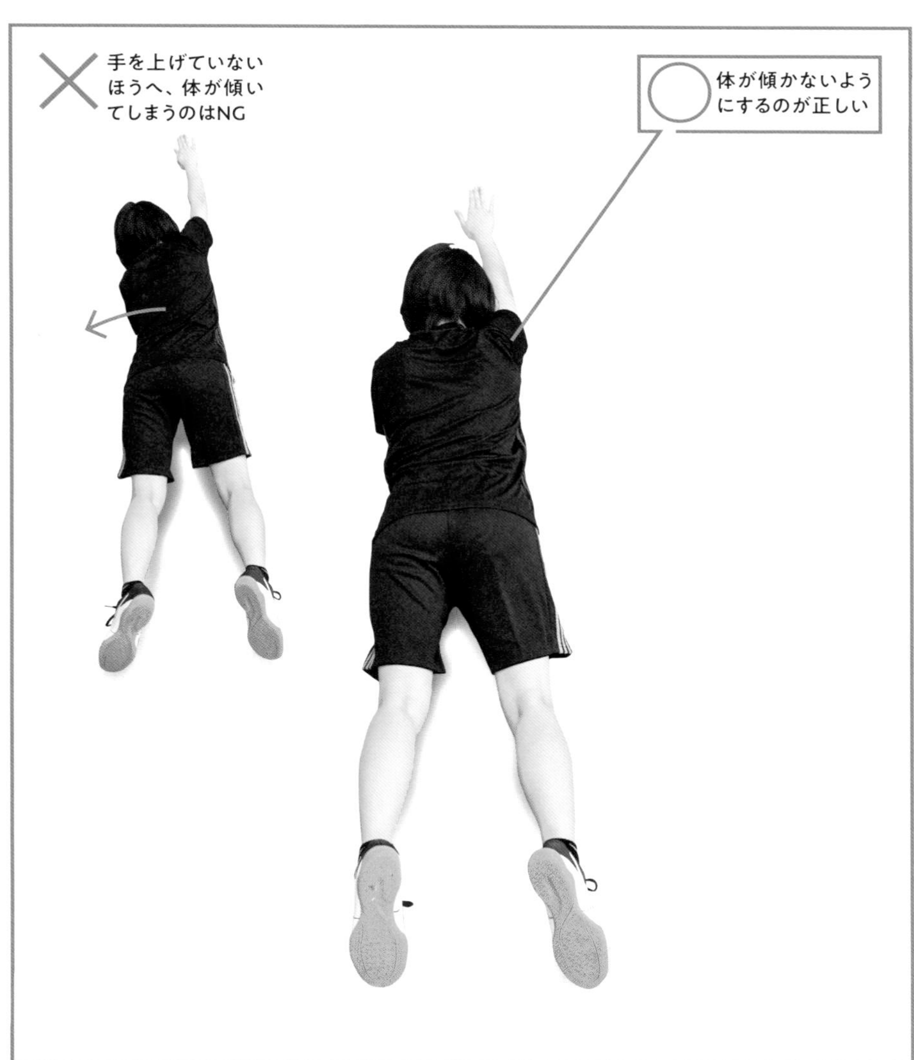

×
手を上げていないほうへ、体が傾いてしまうのはNG
○
体が傾かないようにするのが正しい

# 胴体の動きづくりトレーニング 一覧

バドミントンでは、さまざまな体勢でシャトルを打つことが多く、時には難しい姿勢で打つことも必要になってくる。そこで大事になるのが、胴体の動きづくり。背骨をうまく動かすことによって、ショットを打てる範囲が広がり、体全体をムチのように使うことができるようになる。例えば、ラウンドなど厳しい体勢でも、胴体がしっかりと動くようになれば、いままでとれなかった球がとれるようになり、その後の動きもスムーズになるなど、メリットが大きい。

## 004 ★ 胴体前後運動

Point

背骨を大きく上下に動かす

回数 20回を目安

P28へ

## 005 ★ 胴体左右運動

Point

背骨を大きく左右に動かす

回数 20

回を目安

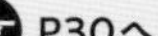
P30へ

## 006 ★ 胴体回旋運動

Point
前を向いたまま胴体を大きく
回旋する意識をもつ

回数 20回を目安 P32へ

## 007 ★ 交互前後リーチ運動

Point
肩の力を抜いて
両手を前後に突き出す

回数 20回を目安 P34へ

004 胴体の前後の可動範囲を広げる 胴体の動き

# 胴体前後運動

目的 胴体(ここでは主に背骨)を前後に大きく動かし、背骨を中心とした体幹の可動範囲を広げるためのトレーニング。背骨が大きく可動すれば、打球範囲の拡大や体をムチのように動かす連動性にもつながる。

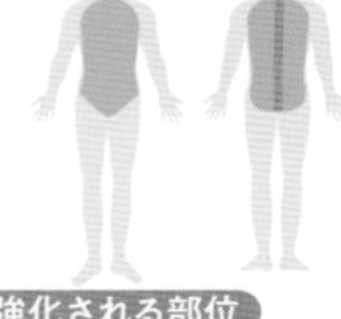

強化される部位
胴体(とくに背骨)

回数 **20**回を目安 難易度 ★

1 両手と両膝を床につけた四つん這いの姿勢で、顔を正面に向けて構える

2 手と膝の位置を変えずに、胴体を丸めるようにして背骨を大きく動かす

Advice

## 胴体の動きづくりでショットの安定性を確保

バドミントンはつねに正しい姿勢でショットが打てるわけではない。相手の球に反応して、ときには崩された体勢からでも、しっかりした球が打てるように、背骨を中心とした胴体の動きづくりをしておくことは大切だ。

ラウンドなど厳しい体勢でもとれる範囲が広げられる

3 前の動作とは逆に胴体を反らせて背骨を動かす。背骨の大きな動きを意識する

胴体を丸める、反らすを繰り返す

005 胴体の左右の可動範囲を広げる 胴体の動き

# 胴体左右運動

目的 メニュー004が胴体の前後の動きだったのに対し、これは胴体（主に背骨）を左右に動かすためのトレーニング。胴体の可動範囲を広げることは、バドミントンに必要なさまざまな体勢でショットを打つ動作の安定につながる。

強化される部位
胴体（とくに背骨）

回数 **20**回を目安 難易度 ★

1 両手と両膝を床につけた四つん這いの姿勢で構える

2 脇腹を曲げるイメージで、ゆっくり胴体を横に曲げる

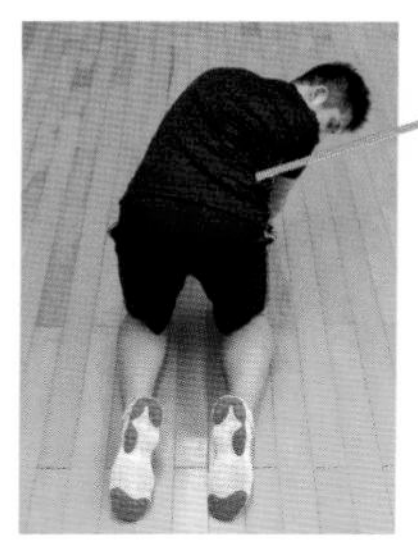

右脇腹を曲げるイメージで、ゆっくりと胴体を大きく横に曲げる

Advice

## 腕の力を抜いて背骨を動かす

このメニューに限らず、胴体の動きづくりが目的となるトレーニングでは、なるべく大きく動かすことが大切になる。しかし、腕の力などを使って体を曲げようとするのはNG。腕の力はなるべく抜いた状態で、背骨など胴体を動かすことを意識しよう。



## 3 反対側に曲げる

左右へ胴体を曲げる動作を繰り返す

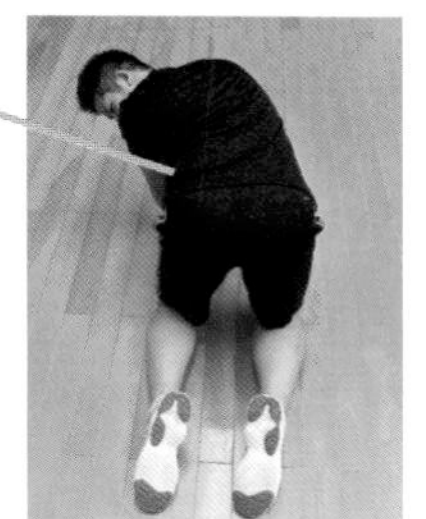

左側へも脇腹を曲げるイメージで、大きく横に胴体を曲げる

006 胴体の回旋範囲を広げる 胴体の動き

# 胴体回旋運動

目的

胴体を回旋させる(回す)ためのトレーニング。バドミントンの動きは胴体の回旋動作が重要であり、打球範囲の拡大や体をムチのように動かす連動性につながる。

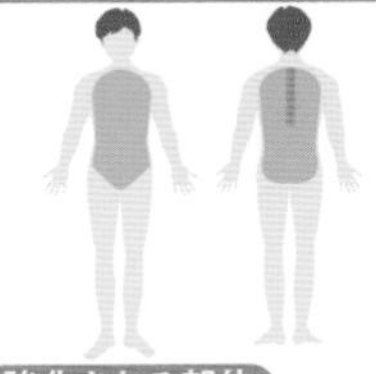

強化される部位
胴体(とくに背骨)

回数 **20**回を目安　難易度 ★★

1 椅子に座った状態で肘を上げ、両手を軽く組んで構える

2 手の高さを保ったまま、胴体を大きく回旋させる

! 顔を正面に向けたままにし、体の軸はしっかりとまっすぐ保った状態にする

Advice

**立った状態でもOK!**

このトレーニング自体は、立った状態で取り組んでも同様の効果が得られる。ただし、椅子に座っているのとは異なり、立った状態では腰など動かなくていい箇所まで動いてしまう可能性があるので注意しよう。

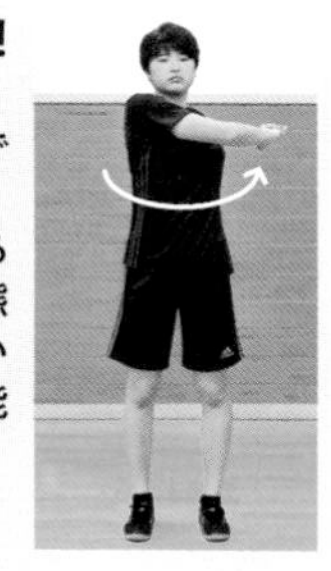

3 同様に、反対側に胴体を大きく回旋させる

この動作を繰り返す

007 胴体の回旋範囲を広げる 胴体の動き

# 交互前後リーチ運動

胴体を回旋させるためのトレーニングで、006胴体回旋運動よりも大きく背骨（とくに胸部分）を動かしていくメニューになっている。

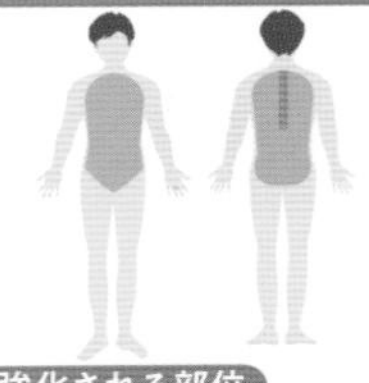

強化される部位
胴体（とくに背骨）

回数 **20**回を目安 難易度 ★★

1 姿勢を正し、肩を落とした状態で手を前に出して構える

2 片手をまっすぐ前に突き出し、逆手は肘を曲げて後ろに突き出す

顔を正面に向けたまま、前後になるべく大きく動かす

Advice

**立った状態でもOK!**

このトレーニング自体は、立った状態で取り組んでも同様の効果が得られる。ただし、椅子に座っているのとは異なり、立った状態では腰など動かなくていい箇所まで動いてしまう可能性があるので注意しよう。

## 3 前に突き出していた手は肘を曲げて後ろに突き出し、後ろの手は肘を伸ばし前に突き出す

この動作を繰り返す

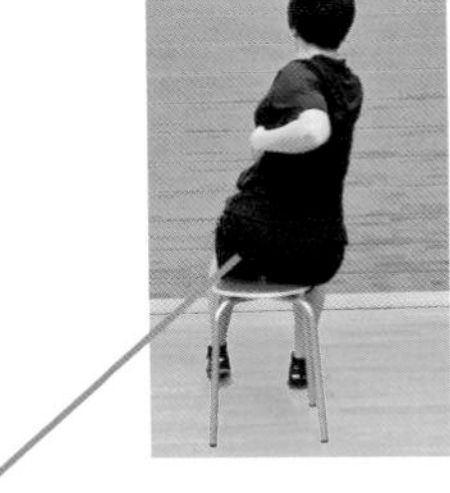

× 手を突き出した際に、お尻が椅子から浮いてしまうのはNG

× 体が前や横に倒れるのはNG。姿勢はまっすぐの状態をキープ

# 胴体と腕の接続トレーニング 一覧

ショットを打つ際、下半身によってつくり出される力を、シャトルに100パーセント伝えられるのが理想の形だ。しかし、胴体と腕をつないでいる部分が弱いと、力がシャトルに伝わる前に分散してしまう。下半身で生み出された力をムダなくシャトルに伝えるためにも、胴体と腕の接続部分の強化は重要である。

## 008 ★ 四つん這い両肩甲骨内&外転

Point

肩甲骨をなるべく大きく動かす

回数 20回を目安 P38へ

肩甲骨を外に開く
肩甲骨を内に寄せる

## 009 ★ 四つん這い片肩甲骨内&外転

回数 片側20回を目安 P40へ

Point

腕の力を抜く

床を肩甲骨で押し込むイメージ

## 010 ★ チューブ親指上外転

回数 片側**20**回を目安 P42へ

Point

親指を上にして、手を真上に

## 011 ★ チューブ親指下外転

回数 片側**20**回を目安 P44へ

Point

親指を下にして、手を真上に

## 012 ★ チューブ1st外旋

回数 片側**20**回を目安 P46へ

Point

腕の回旋動作で外に引っぱる

## 013 ★ チューブ1st内旋

回数 片側**20**回を目安 P48へ

Point

腕の回旋動作で内に引っぱる

## 014 ★ チューブ2nd外旋

回数 片側**20**回を目安 P50へ

Point

肩を開かず
腕の回旋だけで行う

## 015 ★ チューブ2nd内旋

回数 片側**20**回を目安 P52へ

Point

胸を張って腕の回旋だけで
動かす

008 肩甲骨を可動させ胴体と腕の連動性を高める 胴体と腕の接続

# 四つん這い両肩甲骨内&外転

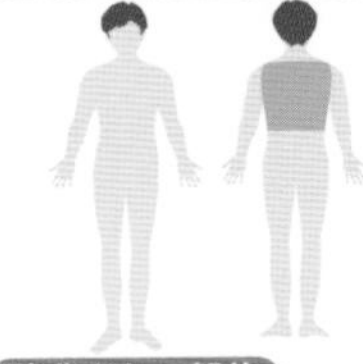

強化される部位
肩甲骨周辺

目的
胴体と肩甲骨の接続を高めるトレーニング。胴体と腕の連動に必要不可欠な肩甲骨だが、筋力が低下すると、肩甲骨と胴体の連動性が低くなる。トレーニングによって接続を強固にする。

回数 **20**回を目安　難易度 ★

## 1

両手と両膝をついた四つん這いの姿勢をとる

○

×

四つん這いの姿勢をとったとき、肩が上がっていると（写真右）、肩甲骨の可動範囲が狭くなり、トレーニングの効果を得られない。肩を落とした姿勢（写真左）からはじめる。

## 2

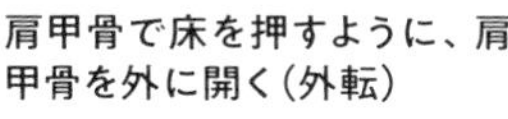

肩甲骨で床を押すように、肩
甲骨を外に開く（外転）

肩甲骨で押すイメージ
！ 肩甲骨が外側に開く
肘はつねに伸ばしたま
まにするが、腕はなる
べくリラックスさせる


## 3

床を押していた力を抜き、
肩甲骨を内に閉じる（内転）

！ 肩甲骨が内側に入る


この動作を
繰り返す

009 肩甲骨を可動させ胴体と腕の連動性を高める 胴体と腕の接続

# 四つん這い片肩甲骨内&外転

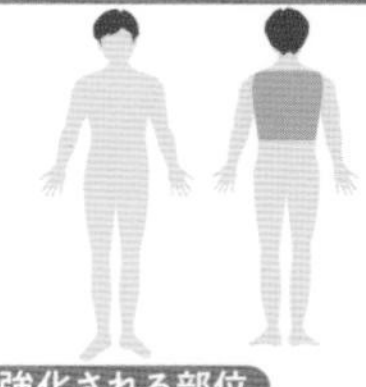

目的 胴体と肩甲骨の接続を高めるトレーニング。片手での支持になるので、008の両手でのメニューよりも強度は高くなる。

強化される部位
肩甲骨周辺

回数 片側 **20** 回を目安 難易度 ★★

**1** 四つん這いの状態で、左手を右脇の下付近（脇から手1つぶん下）に置く

この場合、強化するのは右の肩甲骨。利き手が左の人は逆から始めてもOK

## 2

右腕を伸ばしたまま、左肩を内側に入れるように体をひねる

## 3

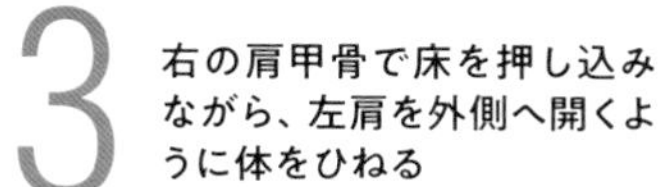

右の肩甲骨で床を押し込みながら、左肩を外側へ開くようにひねる

添えている手で、しっかりと力が入っているかを確認しながら行う

この動作をできるだけ大きな動きで繰り返し、反対側も行う

肘はつねに伸ばしたままにするが、腕はなるべくリラックスさせる

010 肩甲骨まわりのインナーマッスルを鍛える 胴体と腕の接続

# チューブ親指上外転

目的 胴体と腕の接続において重要な役割があるインナーマッスルを鍛える。肩は可動範囲が広い関節であるが、不安定な関節でもある。接続を強化し安定させることで連動性のある動きにつなげる。

回数 片側 **20** 回を目安 難易度 ★

強化される部位
肩上部

1 親指が上にくるようにチューブの端を持ち、チューブがたるまない程度にもう一方を足で固定する

2 手を真横から30度ほど前に出し、チューブを引っぱりながら手を真上に上げていく

メニュー010〜015で使用するチューブは、何回でもできるような負荷の軽いものを使用する

Advice

**腕の角度は30度！**

肩甲骨は背中に対して水平についているのではなく、ハの字型に（上から見て前方に）30度ほど傾いている（立った姿勢の場合）。そのため、手を上げるときもその角度に沿うように、30度ほど手を体の前に出して行う。

3 親指が上の状態のままチューブを引っぱり、手が肩と水平になるくらいまで上げる（90度）

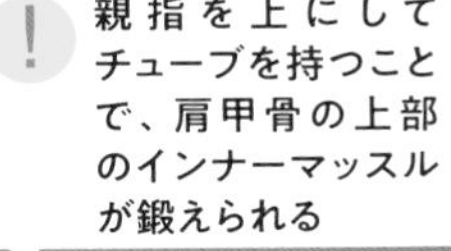

親指を上にしてチューブを持つことで、肩甲骨の上部のインナーマッスルが鍛えられる

手を元の位置に戻し、この動作を繰り返す。また、反対の手でも行う

利き手から始めよう。時間がない場合は利き手だけでもOK

011 肩甲骨まわりのインナーマッスルを鍛える 胴体と腕の接続

# チューブ親指下外転

強化される部位
肩後面

目的 胴体と腕の接続を強めることでケガの予防にもつながる、インナーマッスルを鍛えるトレーニング。動きはメニュー010と同じだが、チューブを持つ手の向きによって、強化される筋肉が異なる。

回数 片側 **20** 回を目安 難易度 ★

1 親指が下になるようにチューブの端を持ち、チューブがたるまない程度にもう一方を足で固定する

2 手を真横から30度ほど前に出し、チューブを引っぱりながら手を真上に上げていく

3 親指を下に向けたままチューブを引っぱり、手が肩と水平になるくらいまで上げる（90度）

! 親指を下に向けた状態でチューブを引っぱることで、肩甲骨後面のインナーマッスルが鍛えられる

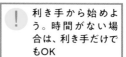

! 利き手から始めよう。時間がない場合は、利き手だけでもOK

手を元の位置に戻し、この動作を繰り返す。また、反対の手でも行う

012 インナーマッスルの強化で体の連動性を高める 胴体と腕の接続

# チューブ1st外旋

目的 肩まわりのインナーマッスルを鍛えることで、連動性の向上やケガの予防を図るといった目的は、他のチューブトレーニングと同じ。このトレーニングでは、肩甲骨後面のインナーマッスルを鍛える。

強化される部位
肩後面

回数 片側 **20** 回を目安 難易度 ★

**2** 左手でチューブを固定し、右手は腕の回旋を使ってチューブを外側へ引っぱっていく（外旋）

**3** 手を動かせる限界まで、ゆっくりとチューブを引っぱる

## Variation
### チューブは壁や柱に固定してもOK！

固定しておくほうのチューブの端は自分で持たなくても、壁や柱に固定したり、他の人に持ってもらったりしてもよい。チューブを動かすことだけに集中してトレーニングを行えるので、機会があれば積極的に利用しよう。



1 体の横で肘を90度に曲げ、負荷の軽いチューブをたるまないように両手で持つ

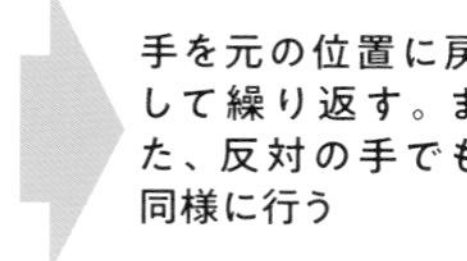

！ 利き手から始めよう。時間がない場合は、利き手だけでもOK

手を元の位置に戻して繰り返す。また、反対の手でも同様に行う

## Advice
### 脇を締めない
腕をリラックスさせ、自然と垂らすようにして脇は締めない。

×

○

013 インナーマッスルの強化で体の連動性を高める 胴体と腕の接続

# チューブ1st内旋

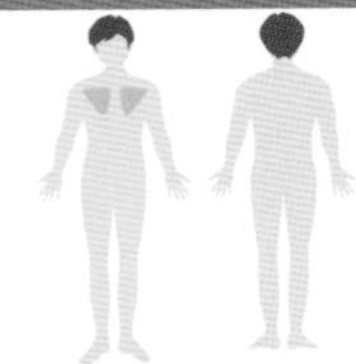

強化される部位
肩前面（奥のほう）

目的 肩周辺のインナーマッスルを鍛えるトレーニング。胴体と腕の接続部分がうまく機能しなければ、効率よく力を伝えることができないばかりか、ケガにもつながってしまう。

回数 片側 **20** 回を目安　難易度 ★

1 チューブを持った左手を体の右側へ伸ばし、右手は肘を90度に曲げて正面でチューブを持つ

2 左手は動かさずチューブを固定。右腕の回旋だけでチューブを内側に引っぱっていく（内旋）

## Variation

### パートナーにチューブを持ってもらう

1人でも簡便にできるようにということで考案したメニューだが、少し難しい体勢になるので無理はしないように。パートナーにチューブを持ってもらったり、柱にくくりつけたりすると体勢は楽に行うことができる。

## 3

腕の回旋だけを使って限界まで右手でチューブを引っぱる

! 利き手から始めよう。時間がない場合は、利き手だけでもOK

手を元の位置に戻して、この動作を繰り返し行う。反対の手でも同様に

014 胴体と腕の接続部分を鍛える 胴体と腕の接続

# チューブ2nd外旋

目的 フォア側の上から打つときに近いポジションで、肩まわりのインナーマッスルを鍛えるトレーニング。他のチューブトレーニングと同様に、胴体と腕の接続部分を強化することで、体の連動性を高められる。

強化される部位
肩後面

回数 片側 **20** 回を目安 難易度 ★

**2** 左手を固定したまま、右腕の回旋を使ってチューブを後ろへ引っぱる

**3** できるだけ大きく動かすように、限界まで腕を回旋させる

Advice

## 腕の回旋だけを使って引っぱる

チューブを後ろへと引っぱるときは、腕の回旋だけを使うこと。チューブを引っぱったときに、肩を後ろに引いて体が開いた状態(写真左)になってしまうのはNG。インナーマッスルが鍛えられない。

## 1

チューブを持った左手を右肩の前、顔の高さあたりで固定。右手は肘を90度上に曲げ、真横よりも少し前でチューブを持つ

このトレーニングでも、チューブの端をパートナーに持ってもらったり、壁や柱に固定したりすることで、より楽にトレーニングを行うことができる

この動作を繰り返し行う。反対の手でも同様に

このプレーにつながる

フォア側の上から打つときに安定感と威力が増す

015 胴体と腕の接続部分を鍛える 胴体と腕の接続

# チューブ2nd内旋

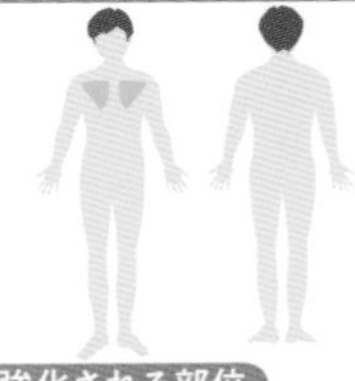

強化される部位
肩前面（奥のほう）

肩関節を安定させている肩甲骨のインナーマッスルを鍛えるトレーニング。ウォーミングアップなどにも適しており、練習や試合前に行うことで、胴体と腕の連動性が高まり、力が伝わりやすくなる。

回数 片側 **20** 回を目安　難易度 ★

## 1

胸を張り、チューブを持った左手を少し後ろに回して固定する。右手は肘を90度に曲げて水平まで上げ、背中側を通したチューブを持つ

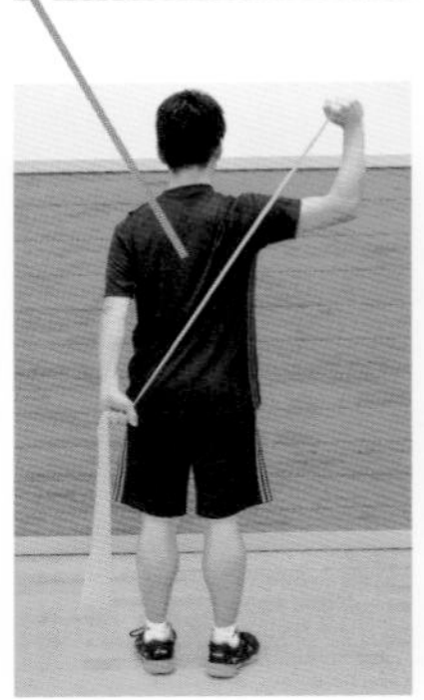

背中側からチューブを通すことで、自然と背すじが伸びて胸を張った状態になる

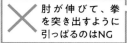

× 肘が伸びて、拳を突き出すように引っぱるのはNG

パートナーがいれば、チューブを固定してもらうことで、より簡単にトレーニングができる

2 できるだけ肘の位置を変えずに、腕の回旋だけでチューブを前に引っぱる

3 なるべく大きく動かすことを意識して、限界まで腕を回旋させる

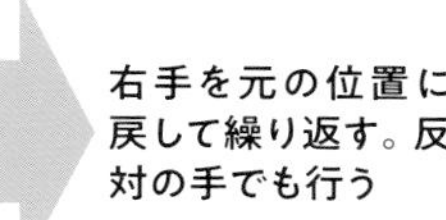

右手を元の位置に戻して繰り返す。反対の手でも行う

# バネ感覚＋股関節トレーニング一覧

下半身はバドミントンのすべての動作の主電源となる部分で、安定したショット、力強いショット、素早いフットワークなど、プレーの質を上げるうえで重要な部分となる。ポイントは“バネのように弾む感覚を体に覚え込ませる”ことと“股関節の強化”だ。また、ムダがなく、効率の良い動きを身につけることができれば、スピードが上がるばかりか、プレー中の体力の消耗も抑えられ、持久力アップも期待できる。

## 016 ★ アンクルホップ

Point

縄跳びを跳ぶ感覚で弾む

時間 30秒を目安 P56へ

## 017 ★ フォワードランジキープ

時間 片側 30秒を目安 P58 へ

Point

お尻で踏ん張る感覚を
身につける

浅いランジ
深いランジ

Advice
## 重りを持って負荷をアップ！

重りを持つことで負荷を上げることができる。あまり重い物を持つとスピードが落ちてしまうので、1~2キロくらいの負荷で十分。両手に水が入ったペットボトル（500ml）を持つ方法は簡単なのでおすすめ。強度に物足りなさを感じたら、ダンベルなどで負荷を上げてもよい。

**左側**

1 手を腰に当て、直立した姿勢で構える

2 着地してから体を沈めるのではなく、着地と同時に最終姿勢をつくり、ピタッと止まり、すぐに戻る体勢に入る

! 力を入れる中心は踏み出した足のお尻

股関節ー膝ー足首が一直線になるようにする

素早く姿勢を戻し、この動作を繰り返す

021 脚の筋力強化と重心のコントロール力の向上 バネ感覚 股関節

# スケーティングジャンプ

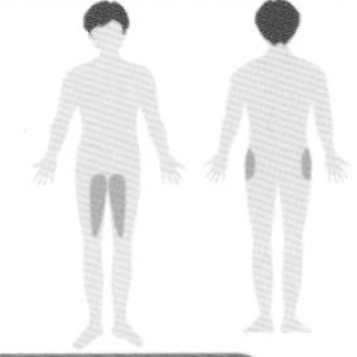

強化される部位
お尻（とくにサイド）・太もも内

目的 サイドへの大きな動きの中でも、重心をコントロールできれば効率的なフットワークにつながる。また、スマッシュなどの力強いショットを打つための筋肉も鍛えられるので、このメニューでしっかりと強化する。

回数 **20** 回を目安 難易度 ★★★

1 左サイドから大きくジャンプをしてきて、右足から着地する

2 着地は重心が外に流れないように、お尻に力を入れて踏ん張り、体全体を大きくひねりながら逆サイドへのジャンプの準備をする。ひねったパワーを一気に開放するイメージで、逆サイドへジャンプする

! 重心が外側にいかないよう、足の内側に体重を乗せる

着地はつま先を正面に向け、股関節ー膝ー足首は一直線にすること

## Advice

### 体が流れる場合はジャンプを小さく

着地時に足の外側（小指や薬指）に体重が乗ったり、重心が外側へと流れたりする場合は、お尻の筋力が弱く、体中心部で支えられていない。ジャンプの距離を短くして取り組んでみよう。

**このプレーにつながる**

スマッシュなど強打の安定感と威力が増す

4 着地は重心が外に流れないように、お尻に力を入れて踏ん張り、体全体を大きくひねりながら逆サイドへのジャンプの準備をする。ひねったパワーを一気に開放するイメージで、逆サイドへジャンプする

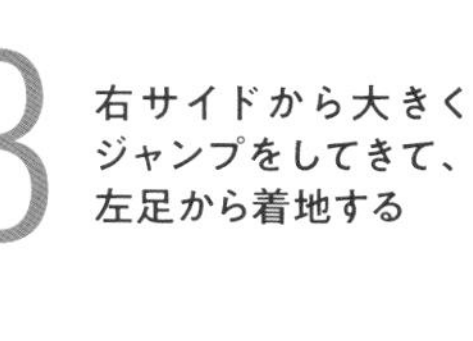

3 右サイドから大きくジャンプをしてきて、左足から着地する

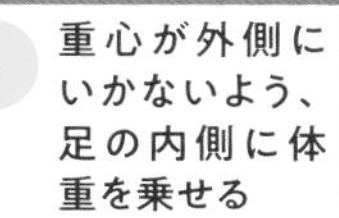

! 重心が外側にいかないよう、足の内側に体重を乗せる

左右への大きなジャンプを繰り返し、着地時にスケートを滑るような姿勢をとって、体が外側へ流れないようにキープする

3章

Step ②

# 少し強度を上げた基本メニュー

Step2で紹介するのは、Step1のメニューを少し発展させたもので、トレーニングの強度も少し高くなっています。5項目に分類される強化の目的は同じなので、Step1のメニューが継続的にできるようになり、少し強度を上げたいときに取り組みましょう。

# 強度を上げて、5項目の強化を継続する

2章で紹介したStep1に続き、3章のStep2もバドミントンのパフォーマンスを向上させるために、効率的な体の動かし方を身につけるトレーニングになります。すでに説明しているように、トレーニングに取り組むときには「正しい姿勢で行う」ことと、「体の中心部を使う」ことが大事なポイントであることに変わりはありません。

Step2のトレーニングは、Step1のメニューを少し発展させたもので、トレーニング強度も全体的に高くなっています。また、Step1と同様に各メニューは「体幹強化」、「胴体の動きづくり」、「胴体と腕の接続」、「バネ感覚」、「股関節」という5つの強化項目に分類されています。各項目にバランスよく取り組み、バドミントンのパフォーマンス向上につなげていきましょう。

ただし、Step1のトレーニングができるようになったからといって、すべてのメニューをStep2に置きかえる必要はありません。Step1のメニューでは負荷が物足りなくなったと感じるものだけをStep2のメニューにかえてみたり、体の動かし方や感覚などがしっかりとつかめていない項目はStep1のメニューを継続したりするなど、個々の状態に合わせて取り組むメニューをかえてください。

本書で紹介するトレーニングのベースとなるものは、すべてStep1に詰まっています。その部分だけでもバドミントンのパフォーマンスを向上させることは可能ですので、Step2は少し強度を上げたいときなどに取り組むだけでもかまいません。

022 体幹中心部の安定性を向上させる 体幹強化

# 体幹キープ肘足フロント

体幹を筋力強化し、安定させることで、プレー中に手足をスムーズに動かせるようにすることが目的。メニュー001の発展型で、膝をつかないで姿勢をキープするため、負荷が上がっている。

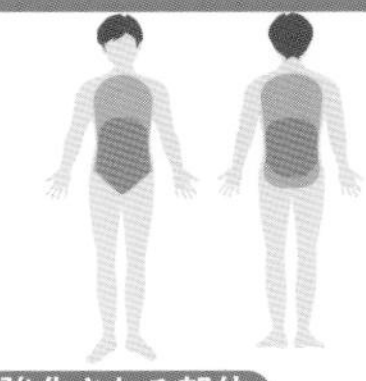

強化される部位
胴体（とくにお腹）

時間 1分を目安　難易度 ★★

両肘と足先だけを床につけて、お腹に力を入れる。頭から足まで一直線の状態を1分間キープする

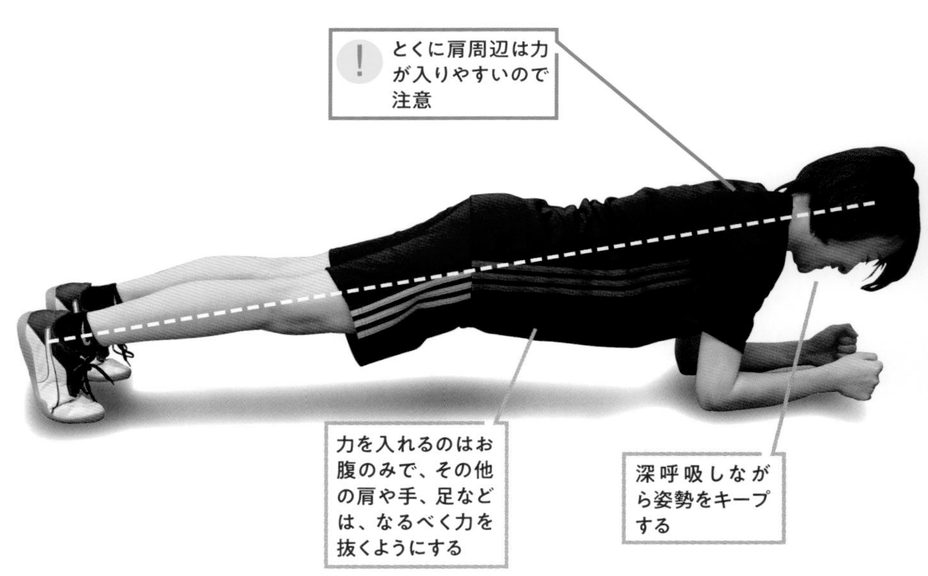
とくに肩周辺は力が入りやすいので注意
力を入れるのはお腹のみで、その他の肩や手、足などは、なるべく力を抜くようにする
深呼吸しながら姿勢をキープする

全身に力が入り、体がこわばって腰が上がっているのはNG。お腹以外の力を抜く
腰が落ちている状態はNG。頭から足までが一直線の状態でキープする

Advice

## 必要以上に力を入れない

お腹以外にも、もちろん力を入れないと状態を保つことはできないが、必要以上に力を入れないようにする。全身を固めるような力を入れると、プレー中の力みにつながるので注意。お腹以外はなるべくリラックスさせる意識で行う。メニュー023も024も同じ意識で行うこと。

023 体幹中心部の安定性を向上させる 体幹強化

# 体幹キープ肘足サイド

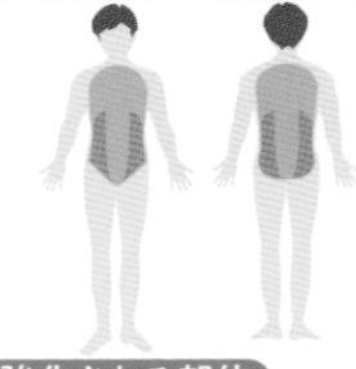

目的 体幹を強化・安定させることによって、プレー中に手足にムダな力が入らず、リラックスした状態が保ちやすくなり、スムーズな動きにつなげることができる。メニュー002 の発展型で、負荷が上がっている。

強化される部位
胴体（とくに側腹）

時間 片側**30**秒を目安　難易度 ★★

片側の肘と足の側面を床につけ、頭から足まで一直線になるように姿勢をキープする

姿勢をキープしながら深呼吸する

！ 力を入れるのはお腹だけ。全身に力を入れて体を固めない

Advice

## 姿勢を保てないなら秒数を短く

正しい方法で姿勢をキープできないようなら秒数を短くしよう。また、無理にStep2のメニューに取り組むのではなく、トレーニング強度を落として、Step1のメニュー002を継続してもよい。

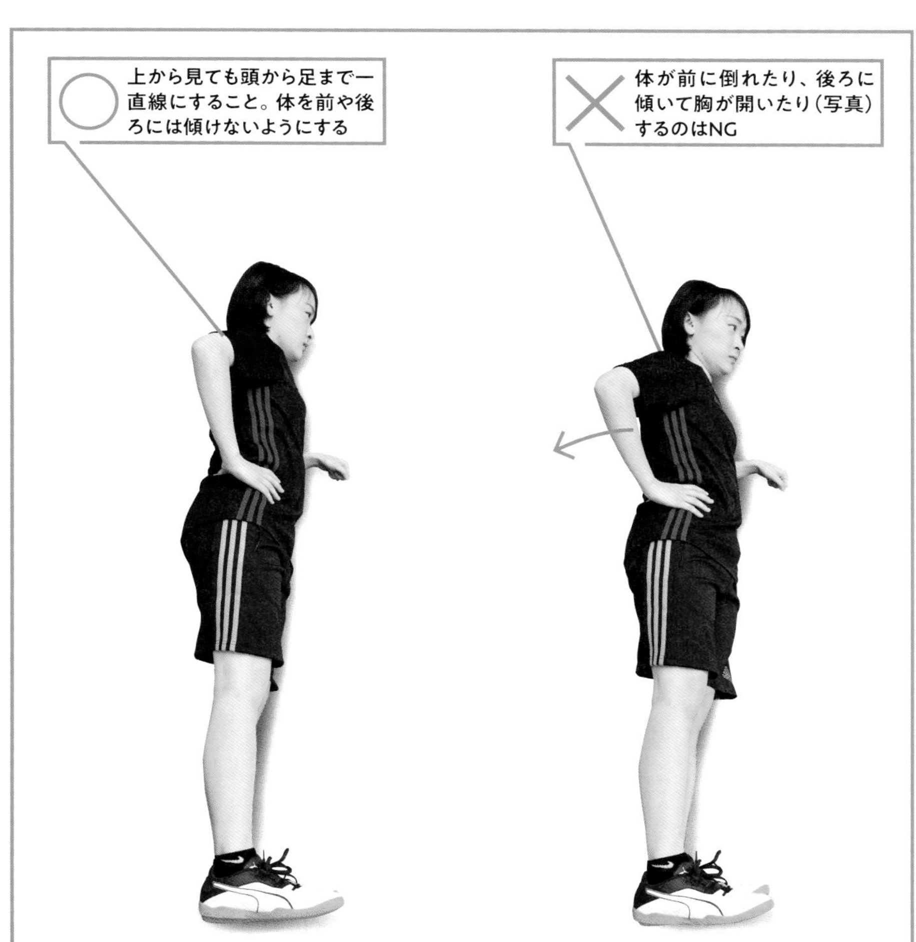

○ 上から見ても頭から足まで一直線にすること。体を前や後ろには傾けないようにする
× 体が前に倒れたり、後ろに傾いて胸が開いたり（写真）するのはNG

024 体幹中心部の安定性を向上させる 体幹強化

# 体幹キープ肘足フロント交互腕上げ

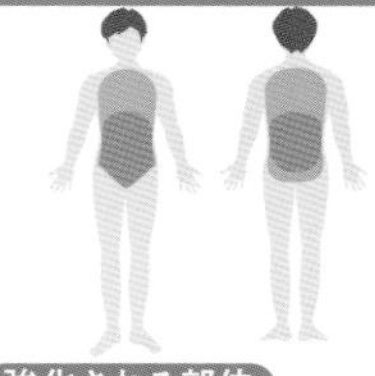
強化される部位
胴体（とくにお腹）

目的

お腹に力を入れて姿勢をキープすることで、体幹を強化する。また、体幹に力を入れると同時に、手足の力を抜く感覚も養う。メニュー003の発展型で、膝を床につけないことにより負荷が大きくなっている。

時間 30秒を目安（腕を3秒ずつ交互に上げる） 難易度 ★★★

## 1

両肘と両足を床につけてお腹に力を入れ、足から頭の先まで一直線の状態をつくる

## 2

片腕を前方へまっすぐ伸ばし、3秒キープして下ろす

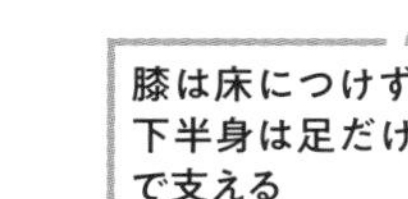

膝は床につけず下半身は足だけで支える

! お腹に力を入れて、手足の力はできるだけ抜く

姿勢をキープしながら、息を止めずに深呼吸

反対の腕もまっすぐ伸ばし、3秒キープして下ろす。これを交互に30秒間繰り返す

Advice

### 片手だけを上げることで負荷増

同じようなトレーニングで、対角となる右手と左足を同時に上げるトレーニングがあるが、このトレーニングは、あえて腕だけを上げることでバランスを崩し、お腹まわりに負荷をかけるようにしている。

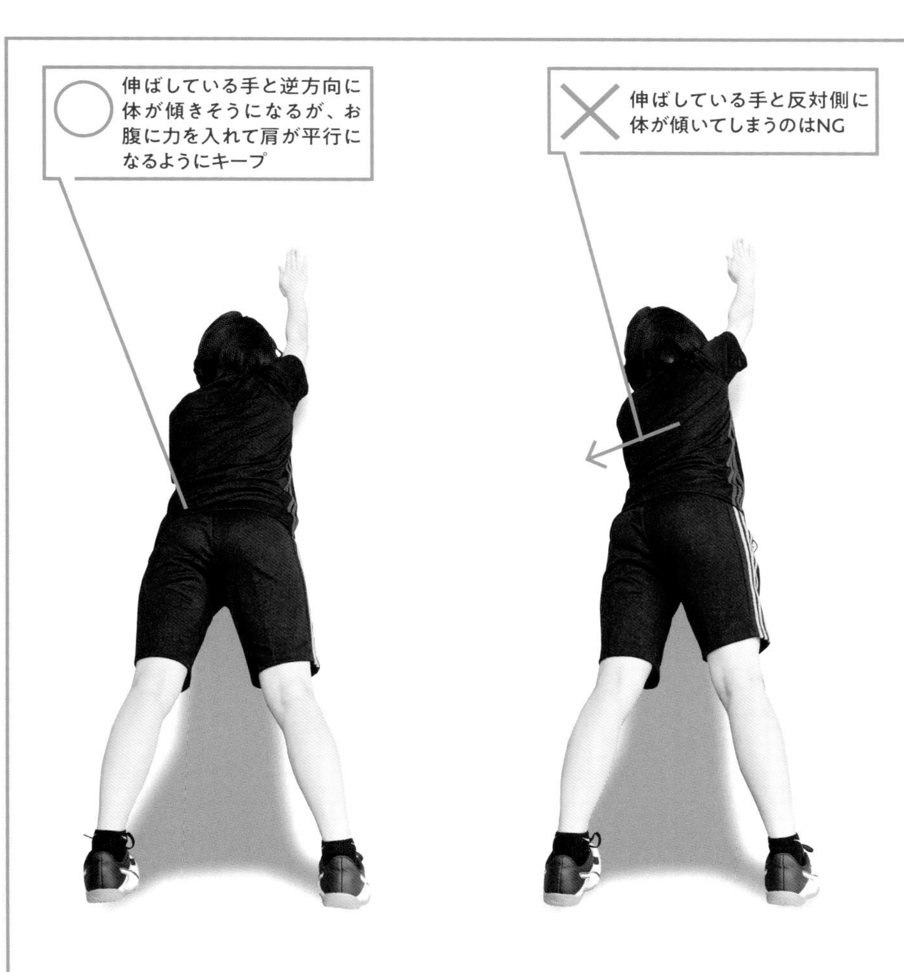
○ 伸ばしている手と逆方向に体が傾きそうになるが、お腹に力を入れて肩が平行になるようにキープ
× 伸ばしている手と反対側に体が傾いてしまうのはNG

025 体幹を素早く側屈させる 体幹強化 胴体の動き

# スピード側屈

体幹の側屈（真横に傾ける）スピードをアップして、広範囲の球に対して力の入る姿勢で対応できるようにする。ただし、スピードを上げたうえで重りを持っているため、体への負荷は大きくなるので注意して行う。

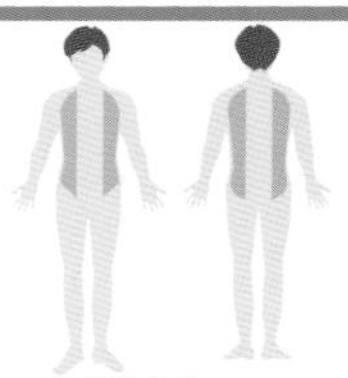

強化される部位
胴体の横

回数 **20**回を目安 難易度 ★★

**1** 両足のスタンスを少し広めにとり、重り（写真は水500mlを入れたペットボトルを使用）を頭の高さで持つ

**2** 重りの位置を頭の高さにキープしたまま、体幹から体を真横に倒し、すぐに元の姿勢に戻る

止まったときに体が外側へ流れないよう注意

Advice

### ダブルスの前衛をイメージ

この動きのイメージはダブルスの前衛。フォアやバック、ラウンドなどさまざまな方向や姿勢で素早い対応が求められる前衛の動きがスムーズになる。

3 反対側へもなるべく大きく体を倒し、素早く元の体勢に戻る

止まったときに
体が外側へ流れ
ないよう注意


Advice

### 重りの重さは

素早く動かすための重さは、1キロ以内でよい。負荷があると素早く動かせない場合は、重りなしで、両手を組んだ状態で行ってもよい。

026 体幹を素早く回旋させる 体幹強化 胴体の動き

# スピード回旋

目的

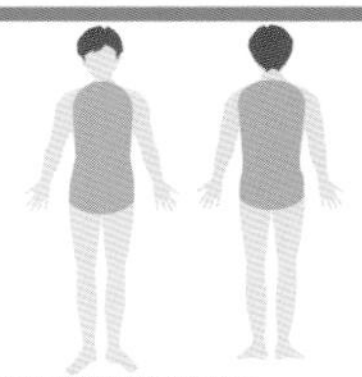

体幹の筋力強化を図り、回旋スピードをアップすることにより、ラリー中の速い球のレシーブや、打ったあとの戻り動作の速度アップなどにつなげる。

強化される部位
胴体・股関節

回数 **20**回を目安 難易度 ★★

1 両足のスタンスを少し広めにとり、重り（写真は水500mlを入れたペットボトルを使用）を胸の高さで持つ

2 腰を正面に向けたまま、素早く胴体を後方へひねる

3 回旋の勢いに足がもっていかれないよう注意。腰はつねに正面を向ける

## Advice

### 重りの重さは

素早く動かすための重さは、1キロ以内でよい。負荷があると素早く動かせない場合は、重りなしで、両手を組んだ状態で行ってもよい。

**4** 体を正面に戻したあとは、反対側へも胴体をひねる

**5** 腰を正面に向けたまま限界まで回旋させ、素早く正面を向く

027 体の可動範囲を広げる 胴体の動き

# リーチ運動（サイド・クロス・ラウンド）

目的

リーチ運動は胴体の可動範囲を広げるトレーニング。可動範囲が広がれば、より体から離れた場所の球もとれるようになるなど、打球範囲が広くなる。

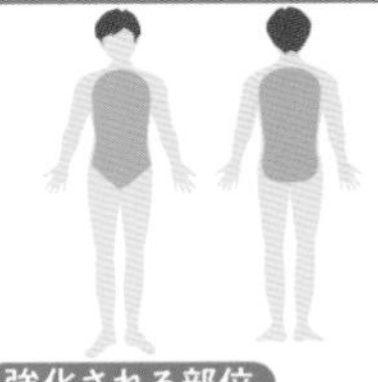

強化される部位
胴体

回数 片側**20**回を目安　難易度 ★★

## サイドリーチ　サイドレシーブなどの安定につながる

1 椅子に座った状態で背すじを伸ばし、両手を左右に広げる

2 腕をサイド（斜め30度くらい）に、限界まで伸ばす

Advice
**逆の手でも行おう**
伸ばす手にラケットを持っていることをイメージしたトレーニングだが、逆側の手でも行おう。左右差をなくし、バランス良く鍛えることで、効率の良い動きにつながる。

Advice
**お尻は椅子から浮かない**
サイド、クロス、ラウンドすべてにおいて、お尻はつねに椅子から浮かないように注意する。

## クロスリーチ バックハンドレシーブなどの安定につながる

**1** 椅子に座った姿勢から、右手を体の左側へ伸ばしていく

**2** 体をひねり、腕をクロス方向（右手なら左側）に、限界まで伸ばす

## ラウンドリーチ ラウンドショットなどの安定につながる

**1** 椅子に座り、右手を頭上左側へ伸ばしていく

**2** 体を側屈させながら、腕をラウンド側（右手なら頭上左側）に、限界まで伸ばす

028 肩甲骨まわりの筋力アップを図る 胴体と腕の接続

# 肩甲骨立て伏せ

目的

胴体と腕の接続部分である、胴体と肩甲骨の間にある筋肉のトレーニング。力を効率良く腕に伝えるために重要な役割を担っている箇所で、機能していないとパフォーマンスが下がり、ケガにつながる可能性もある。

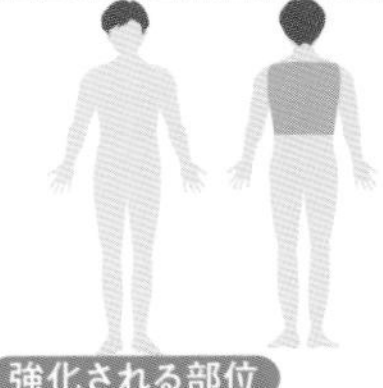

強化される部位
肩甲骨周辺

回数 **20**回を目安　難易度 ★★

## 1

両肘とつま先を床につけ、頭から足まで一直線の姿勢をつくる。肩甲骨を内側に寄せる

肩が上がっていないか気をつける

## 2

肩甲骨を胴体に押し込むようにしながら外に開き、体を持ち上げる

肩甲骨を最後まで押し込む

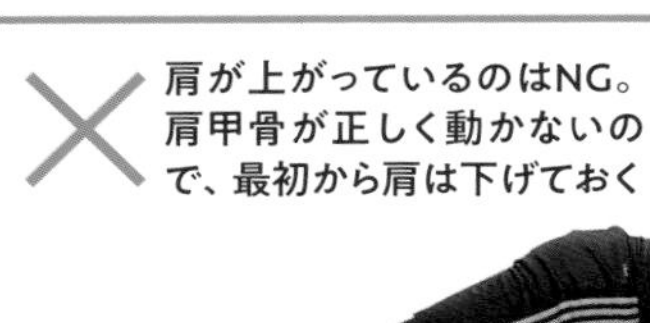

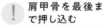

肩が上がっているのはNG。肩甲骨が正しく動かないので、最初から肩は下げておく

Variation

## 膝をつけて負荷を下げる

**膝を浮かせた状態でトレーニングをして、負荷が大きいと感じたら、膝をつけて強度を低くしよう。膝をつけた状態でも同様の効果を得ることができる。**

1 肘から先を床につけた状態で、下半身は膝と足を床につけて支え、肩甲骨を内側に寄せる

2 肩甲骨を胴体に押し込むようにしながら外に開き、体を持ち上げる

! 肩甲骨を最後まで押し込む

029 さまざまな方向に対してバネ感覚を養う バネ感覚

# ラインジャンプ

体を反発させて動くためのバネ感覚を養う、メニュー016のバリエーション。縄跳びのイメージで前後や左右など、さまざまな方向にジャンプを繰り返し、体を反発させる感覚を身につける。

時間 **30**秒ずつを目安　難易度 ★★

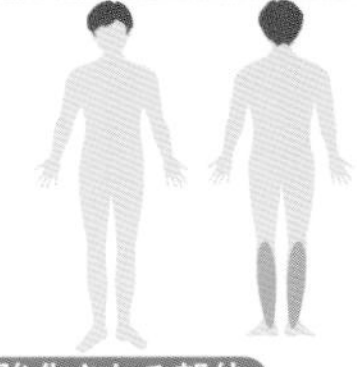

強化される部位
ふくらはぎ

## 前後

**016のアンクルホップの要領で、床のラインを目安に両脚で前後ジャンプを繰り返す。ジャンプは接地時間を短くする**

**左右**

016のアンクルホップの要領で、床のラインを目安に両脚で左右ジャンプを繰り返す。ジャンプは接地時間を短くする

**ボックス**

016のアンクルホップの要領で、床のラインを目安に両脚で前後左右ジャンプを繰り返す。1回ごとにラインをまたいで中央に戻る

トレーニング例

1）前→中央→右→中央→後→中央→左→中央

2）前→中央→左→中央→後→中央→右→中央

030 フットワークスピードを上げる複合トレーニング 股関節

# 5mダッシュ→フォワードランジ→バックラン

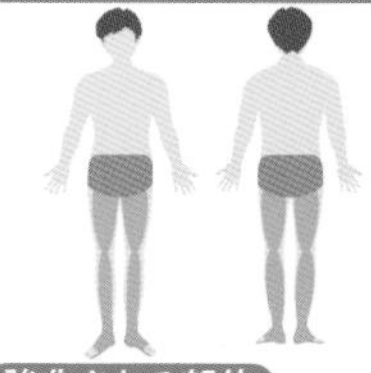
強化される部位
下半身(とくに股関節)

目的
コート幅を意識した5メートルのダッシュや、ランジでの停止姿勢、次の動作への切り返しなど、それぞれの動きを正確に行うことで、バドミントンのフットワークスピードを上げる。

回数 片側**10**本を目安　難易度 ★★★

1 5メートルの距離を全力でダッシュする

パターン例

**パターン1**:ターンする足を同じ側にして10本→反対側10本
**パターン2**:ターンする足を交互に20本

1~3を繰り返す

ターンの際、体が突っ込んでしまうのはNG。筋力が足りない場合や減速がうまくできていないときに突っ込みやすい

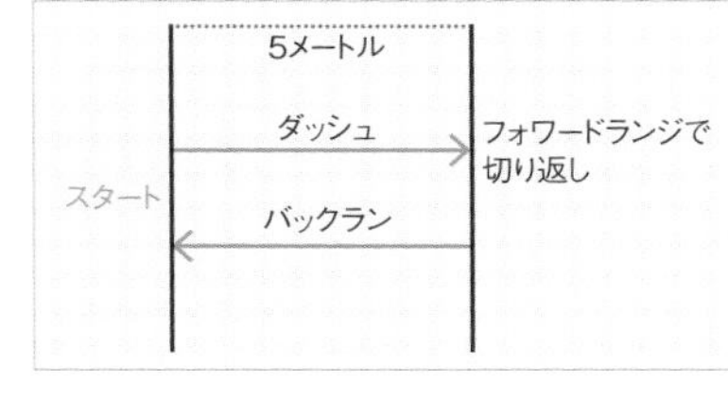
5メートル
ダッシュ
フォワードランジで
切り返し
スタート
バックラン

2 切り返しでのフォワードランジから、すぐにバックランに移行する。切り返しを素早く行えるように、フォワードランジ前に最小限の減速をする。なるべくスピードを落とさないように考えて減速する

3 素早く切り返して、バックランで戻る

031 フットワークスピードを上げる複合トレーニング 股関節

# 5mダッシュ→サイドランジ→ダッシュ

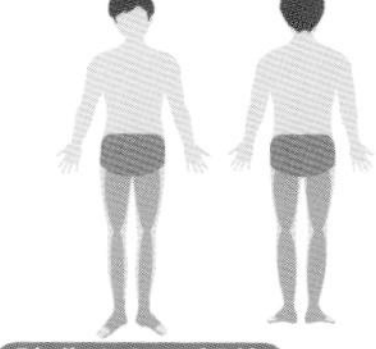

目的 バドミントンで繰り返される、短い距離の動きや切り返しを意識したトレーニング。ダッシュやランジ、次の動作への切り替えなどを素早く行うことで、フットワークスピードの向上につなげる。

強化される部位
下半身(とくに股関節)

回数 片側**10**本を目安　難易度 ★★★

**1** スタートから5メートル地点まで、全力でダッシュをする

パターン例

**パターン1**:ターンする足を同じ側にして10本→反対側10本
**パターン2**:ターンする足を交互に20本

1~3を繰り返す

ターンの際、体が流れてしまうのはNG。筋力が足りない場合や減速がうまくできていないときに、突っ込みやすい

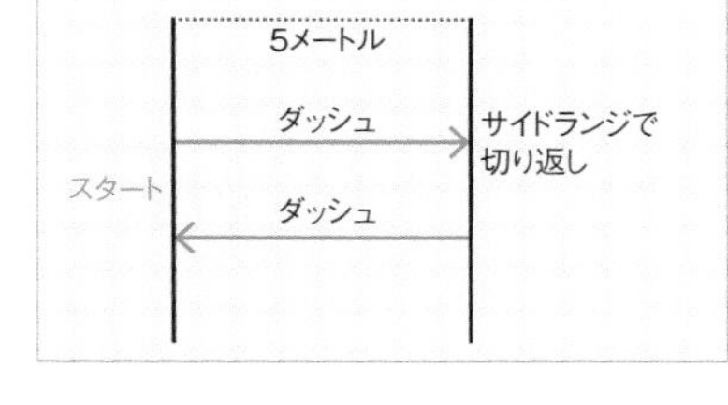
5メートル
ダッシュ
サイドランジで
切り返し
スタート
ダッシュ

2 ターンでのサイドランジからすぐにダッシュに移行する。切り返しを素早く行えるように、ターン前に最小限の減速をする。なるべくスピードを落とさないように考えて減速する

3 素早い切り返しで体を反転させて、スタート地点までダッシュをする

032 フットワークスピードを上げる複合トレーニング 股関節

# サイドステップ→ジャンプサイドランジ→サイドステップ

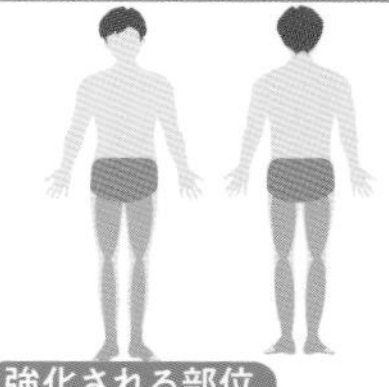

強化される部位
下半身（とくに股関節）

フットワークスピードの向上を目的とした下半身のトレーニング。素早いサイドステップと、切り返し時のサイドステップジャンプを組み合わせることで、強度の上がったメニューになっている。

回数 片側**10**本を目安　難易度 ★★★

1 スタートから細かくて素早いサイドステップで移動

4 細かくて素早いサイドステップでスタート地点へ

1~4を繰り返す

2 5メートル地点に近づいたら、最後のサイドステップはジャンプを高く

× 切り返しの際、体が流れてしまうのはNG

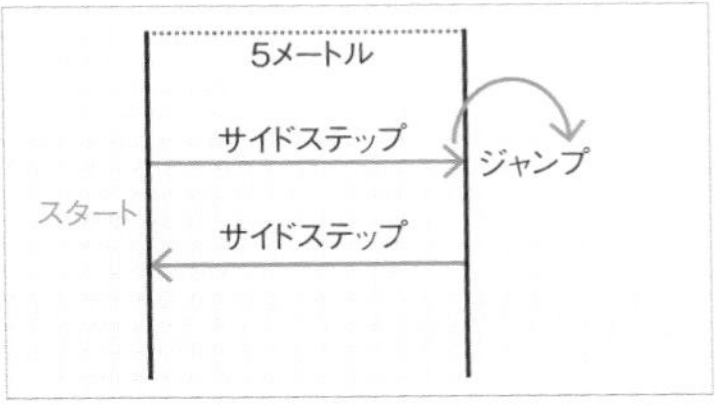

5メートル
サイドステップ
ジャンプ
スタート
サイドステップ

3 サイドランジで着地すると同時に逆方向へ切り返す

4章

Step ❸

# 体づくり応用メニュー

この章のトレーニングは、Step2のメニューをさらに発展させ、強度もより高くなっています。まずはStep1のメニューで正しいフォームを身につけ、Step2の強度に慣れてから取り組みましょう。

# 効果を得るためには正しいフォームで

このStep３のメニューは、これまでに紹介してきたStep１、２のメニューをさらに発展させたものです。強度はStep２よりも高くなります。そのため、トレーニング中に良い姿勢を保つことが難しく、フォームも崩れやすいです。ケガを防止し、効果を得るためには、きつくても正しいフォームで行えるように意識して取り組みましょう。

この章においても、トレーニングのメニューは「体幹強化」、「胴体の動きづくり」、「胴体と腕の接続」、「バネ感覚」、「股関節」の5項目に分かれています。１章で説明した「良い姿勢」で取り組むことを心がけ、トレーニング中は呼吸を止めずに行うことも大事にしてください。また、体への負荷も大きくなっていますので、ケガなどで痛みがある場合は、トレーニングをしないようにしましょう。

第３章のはじめにも説明したように、本書において、トレーニングのベースとなるものは、すべてStep１のメニューに網羅しています。トレーニング中に良い姿勢が保てないなど、必要な筋力や体の使い方が備わっていない場合には、Step２やStep１のメニューに戻って、しっかりと強化してください。

033 腹筋を鍛えて体幹を安定させる 体幹強化

# 足上げ腹筋（前）

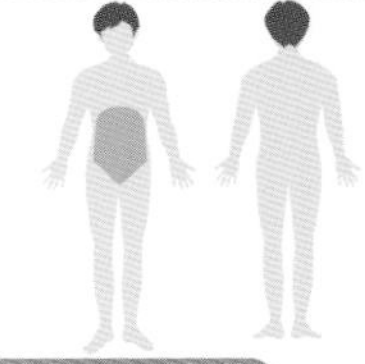

目的 すべての動作において必要不可欠となる、体幹中心部の安定性のトレーニング。バリエーションは7つあり、足をさまざまな方向に動かすことで、まんべんなく腹筋を鍛えることができる。

強化される部位
お腹

回数 **20**回を目安　難易度 ★★★

1 体をまっすぐにして仰向けになり、両足を床から浮かせて構える

2 両足を45度ほどの角度まで上げて元の位置に戻す。足を下げたときも床につけず、この動作を繰り返す

腰はできるだけ浮かせない

足は下げたときも床につけない

× 足を動かしたときに、腰が浮いてしまうのはNG。腰痛の原因になる

Variation 01 腹筋を鍛えて体幹を安定させる 体幹強化

# 足上げ腹筋（横）

回数 **20**回を目安 難易度 ★★★ 強化される部位 お腹

1
仰向けの状態で膝を90度曲げて足を上げる
2
上半身を真上に向けたまま、床と平行になるくらいまで脚を倒していく
3
反対の右側にも体をひねって脚を倒す。この動作を繰り返す
足は床につけない
足は床につけない

Advice

## 手で体重を支えすぎない

この動作に限らず、足上げ腹筋では手で体重を支えすぎると、体幹にかかる負荷が少なくなる。手で支えるのは補助的なものととらえよう。

# 足上げ腹筋（斜）

回数 **20**回を目安　難易度 ★★★　強化される部位 お腹

このあと足を下げたときも床につけない
足を動かしている間も腰は浮かせない
このあと足を下げたときも床につけない

**1** まっすぐ仰向けの状態で、床から足を少し浮かせる

**2** 両足をそろえて左斜め上に45度ほど上げ、足を元の位置に戻す

**3** 両足をそろえて右斜め上に45度ほど上げる。この動作を繰り返す

# 足上げ腹筋（バタ足）

回数 **20**回を目安 難易度 ★★★ 強化される部位 お腹

1 仰向けの状態で、両足を床から浮かせて構える

! 腰はつねに床につける

2 右足を浮かせたまま、左足だけを45度ほどまで上げる

下げている足も浮いた状態をキープ

3 左足を下ろすと同時に、右足を45度ほどまで上げる。この動作を繰り返す

# 足上げ腹筋（開脚）

回数 **20**回を目安 難易度 ★★★ 強化される部位 お腹

1 仰向けの状態で、両足をそろえて床から少し浮かせる

足はつねに床から浮いた状態をキープ

2 足を浮かせたまま、両足同時に外側へ開く。足を元の位置に戻し、この動作を繰り返す

! 足を動かす間も腰は床につける

Advice

## 足は浮かせたまま平行に

足を左右に開くとき、足が高く上がらないように注意。できるだけ平行に動かして、床からつねに浮いた状態をキープしよう。

# 足上げ腹筋（クロス）

回数 **20**回を目安　難易度 ★★★　強化される部位 お腹

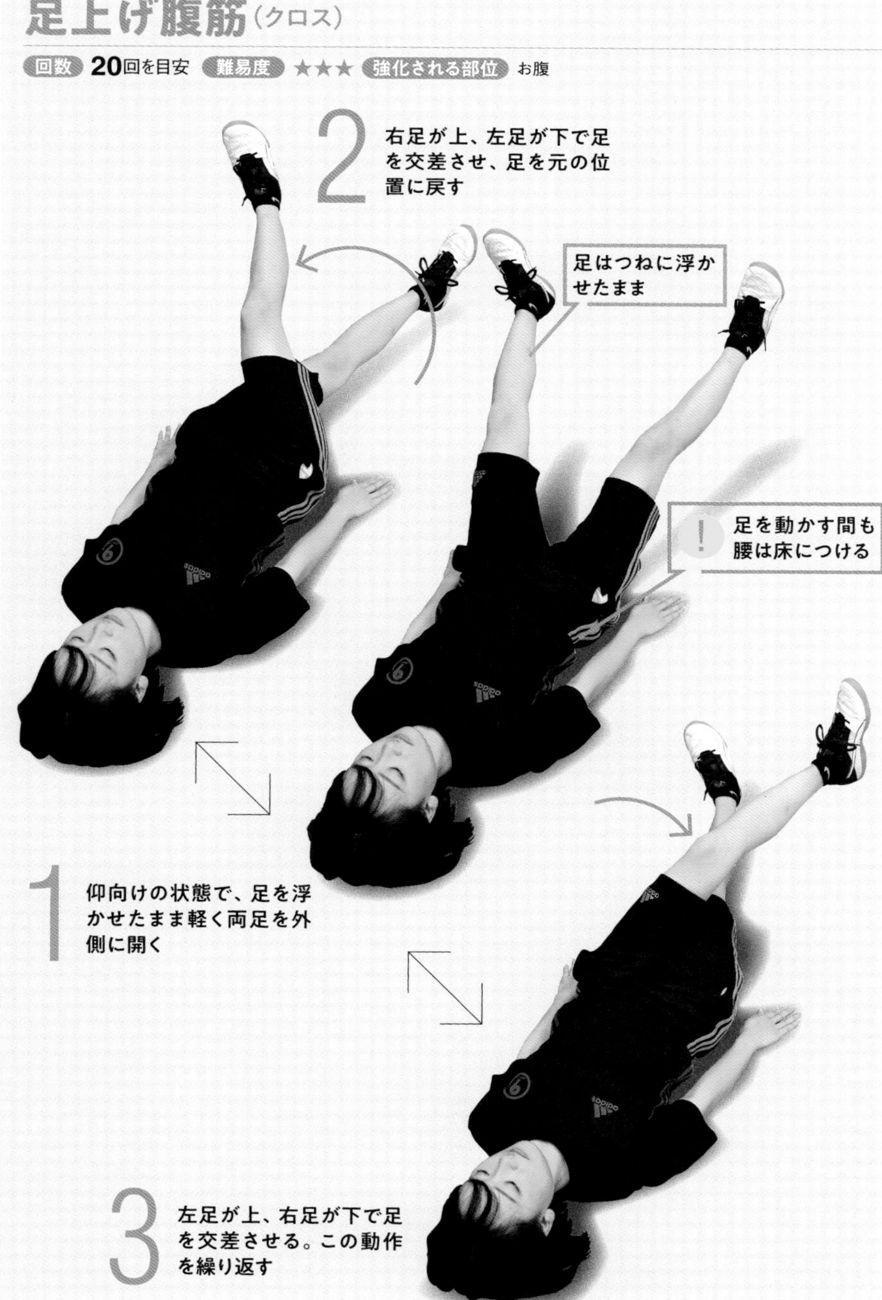
足はつねに浮かせたまま
足を動かす間も腰は床につける

2 右足が上、左足が下で足を交差させ、足を元の位置に戻す

1 仰向けの状態で、足を浮かせたまま軽く両足を外側に開く

3 左足が上、右足が下で足を交差させる。この動作を繰り返す

# 足上げ腹筋（両足もも上げ）

回数 20回を目安 難易度 ★★★ 強化される部位 お腹

足は床につけずに、つねに浮いた状態をキープ
1
仰向けの状態で、両足をそろえて床から少し浮かせる
! 腰はできるだけ床につけておく
2
両足をそろえたまま膝を曲げて、胸に近づけていく
3
できるかぎり膝を胸に近づけてから、足を元の位置に戻す。この動作を繰り返す

# 足上げ腹筋(交互もも上げ)

回数 **20**回を目安 難易度 ★★★ 強化される部位 お腹

1
仰向けの状態で両足をそろえ、足を浮かせて構える
2
右足を浮かせたまま、左足を曲げて膝を胸に近づける
足を動かす間も腰は浮かせない
3
左足を下ろしながら、右足を曲げて膝を胸に近づける。この動作を繰り返す
下ろした足も床につけない

034 実戦に近い胴体の動きづくり 胴体の動き 股関節

# フォワードランジ+フロントリーチ

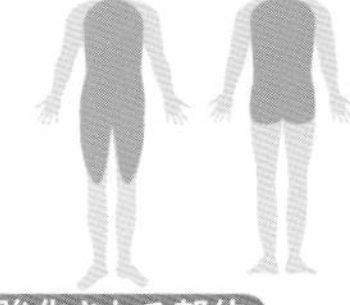

バドミントンのプレー中の姿勢に近い状態で、胴体部の動きを出すトレーニング。深い踏みこみでのレシーブやロブを意識したランジ姿勢でリーチ運動を行い、プレーに直結する形で、筋力を強化し可動範囲を拡大させる。

強化される部位
胴体・お尻・太もも（前・内）

回数 片側**10**回を目安　難易度 ★★★

**1** 左足を前にしたフォワードランジの姿勢をとり、左手を前に出す

**フォワードランジ**

前足に体重を乗せ、お尻を使って支える。良い姿勢がとれていなければ、太ももだけが疲れるので注意

Advice

## スタートポジションについて

スタートのポジションは直立でもいいが、実戦を意識するなら、バドミントンにおける構えるときの姿勢にするとよい。

Advice

## 最後の一押しで肩甲骨周辺を鍛える

肩甲骨周辺を鍛えるためには、腕立て伏せで腕を伸ばしきったあとに、もう一押しすることが大切。最後の一押しによって、肩甲骨を体に密着させるための筋力が鍛えられる。肩が上がった状態では、肩甲骨がうまく可動しないので注意しよう。

**2** 腕を伸ばしきってから、さらに肩甲骨で押し込むように力を入れる

**3** 2の状態から、さらに腕に力を入れて床を押すことで、肩甲骨を体に押し込む

037 股関節の柔軟性を上げる複合動作 胴体と腕の接続 股関節

# ビーストウォーク

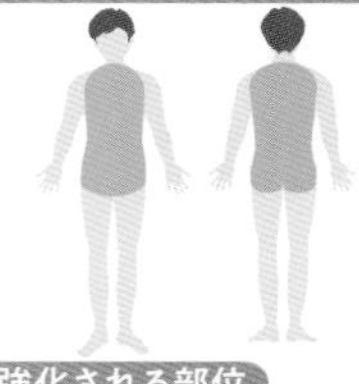

目的 股関節の柔軟性や肩甲骨の安定性などが必要とされる複合動作。お腹やお尻(股関節)から力を出して動くことで、体を中心部から動かす感覚を養え、フットワークのスピードアップにつながる。

強化される部位
股関節・胴体・肩甲骨周辺

回数 20回を目安 難易度 ★★★

1 両手と両足を床につけた四つん這いの姿勢で構える

2 低い姿勢を維持しながら、右足を大きく前に出す

3 右足に体重を乗せて上体を沈め、同時に左手を前に出す

4 低い姿勢を維持しながら、左足を大きく前に出す

5 左足に体重を乗せて上体を沈め、同時に右手を前に出す

この動作を繰り返す

038 股関節周辺の筋力アップ 股関節

# 四股踏みキープ

目的

バドミントンではランジ姿勢など、足を踏み出して踏ん張る動作が多く含まれるため、太ももの付け根付近など、股関節周辺の筋力を鍛えることが重要。このトレーニングでは同時に股関節の柔軟性アップも見込める。

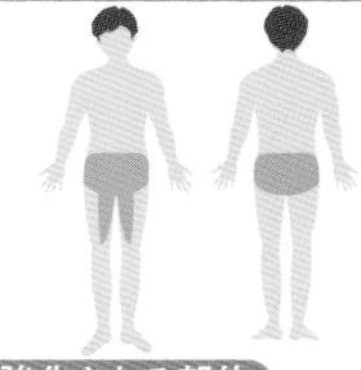

強化される部位
股関節・太もも内

時間 **30**秒を目安 難易度 ★★

**両足を大きく左右に開き、股関節が90度になるように腰を落とす。そのまま腰の高さはあまり変えずに30秒間小刻みに上下し続ける**

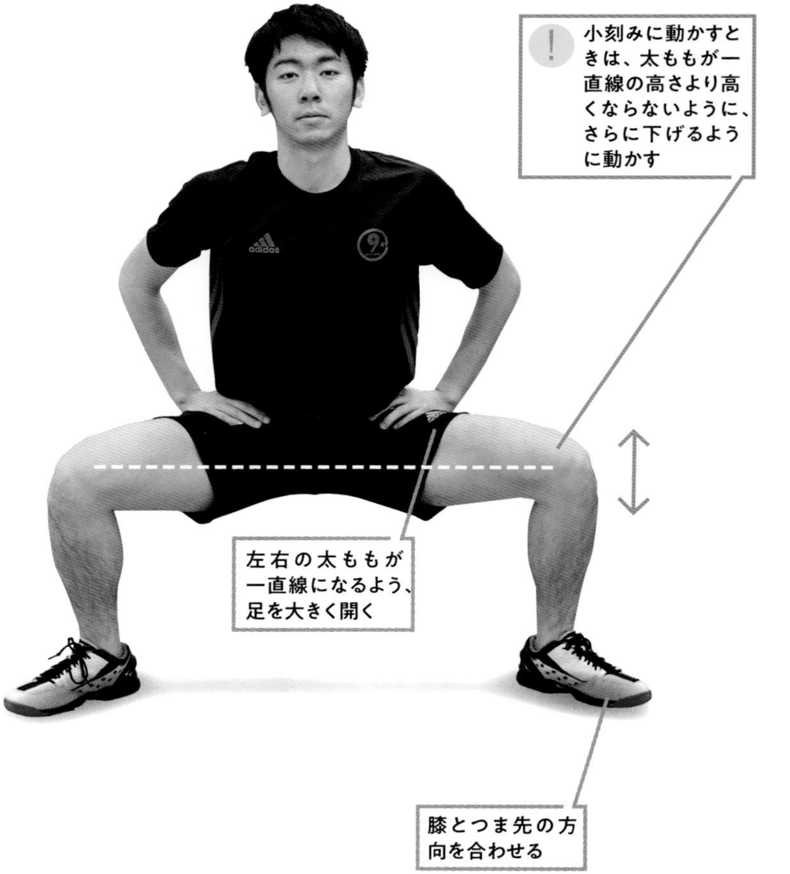

! 小刻みに動かすときは、太ももが一直線の高さより高くならないように、さらに下げるように動かす

左右の太ももが一直線になるよう、足を大きく開く

膝とつま先の方向を合わせる

このプレーに
つながる

打球時に足を踏ん張る動作が安定する

Advice

**腰が引けると効果が得られない**

足を大きく開いていても、背中が丸まって腰が引けているような姿勢（写真右）では、腰を落としても太ももの内側がうまく伸びない。姿勢を正し、太ももの内側に負荷がかかるようにしよう。

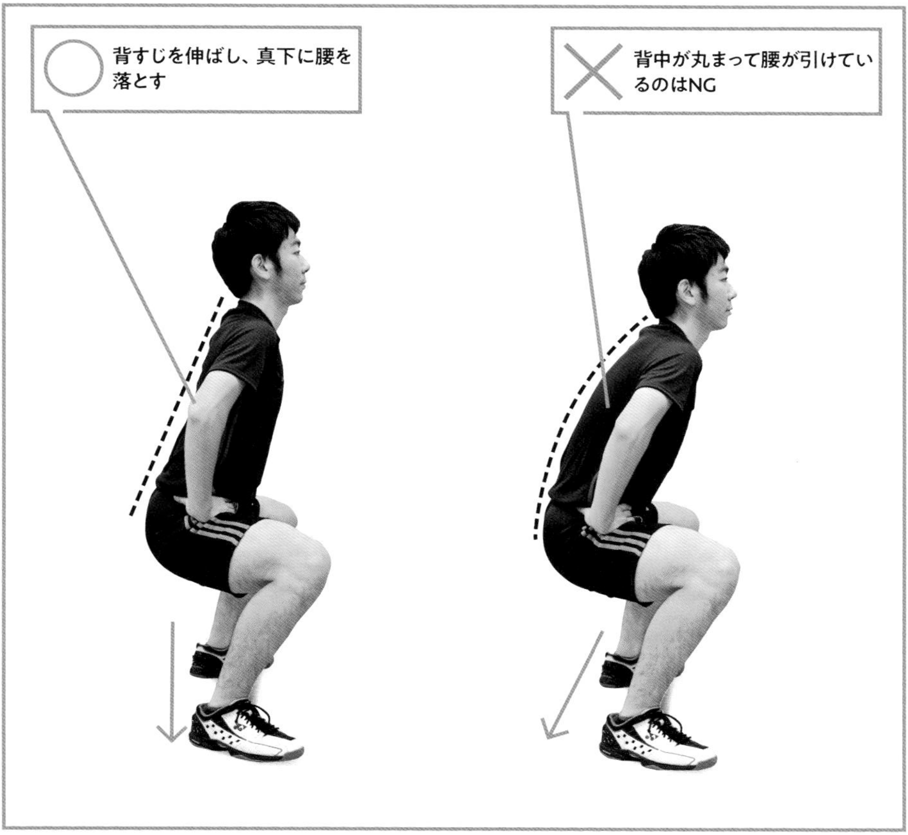

○ 背すじを伸ばし、真下に腰を落とす

× 背中が丸まって腰が引けているのはNG

039 股関節周辺の筋力アップ バネ感覚 股関節

# 四股踏みジャンプ

**目的** 太ももの付け根に近い筋肉（太ももの内側）など、股関節周辺の筋力を鍛えるトレーニング。四股の体勢からジャンプすることで、四股踏みキープ（メニュー038）よりも負荷が上がっている。

**回数** 20回を目安 **難易度** ★★★

**強化される部位**
股関節・太もも内

**1** 背すじを伸ばし、両足を左右に大きく開いて腰を落とす

**2** 四股踏みの体勢のまま、反動をつけて真上へ

お腹と股関節から力を出すことを意識する

3 大きく跳ぶ

4 着地と同時に四股踏みの体勢をとり、股関節周辺に負荷をかける

背すじを伸ばして
腰を真下に落とす
足を大きく開き、
左右の太ももが一
直線になるのが
理想

040 フットワークスピードを上げる下半身強化 バネ感覚 股関節

# 切り返しドリル

目的 下半身を全体的に強化して、フットワークのスピードを向上させる。短い間隔で加速、減速、ストップを繰り返すことで、体のバネ感覚（P56〜57）を含めた動きの切り返しなどの感覚も養う。

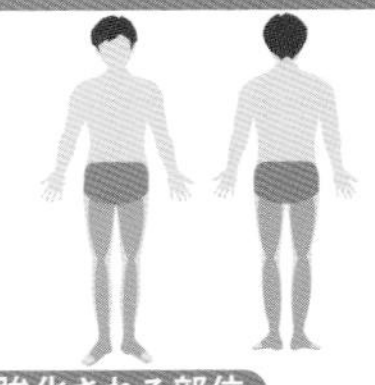

強化される部位
下半身（とくに股関節）

回数 **10**回を目安 難易度 ★★★

ドリル例

**基本の動き**

**30メートルの距離に5メートル間隔で7個のマーカーを設置。マーカーを2つぶん進んで1つぶん戻るという動作を繰り返す**

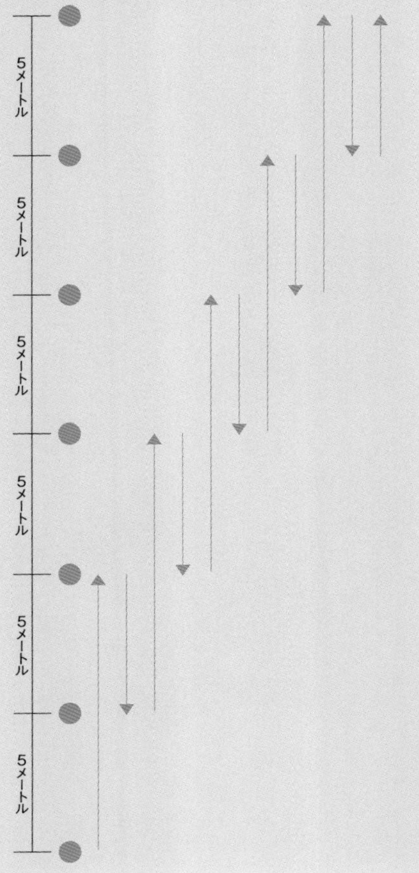

5メートル
5メートル
5メートル
5メートル
5メートル
5メートル

**強度を上げる**

**かなり強度は高くなるが、こういうバリエーションもやってみよう**

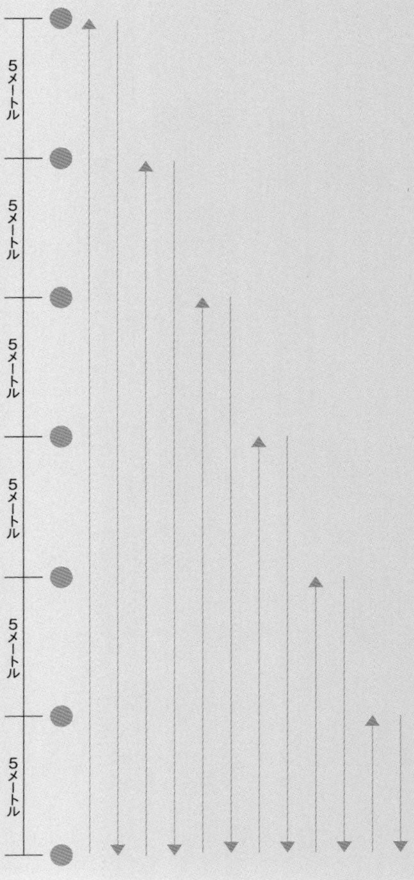

5メートル
5メートル
5メートル
5メートル
5メートル
5メートル

進み方の例

❶ダッシュ→バックラン=切り返しはフォワードランジ(P86~87)
❷バックラン→ダッシュ=切り返しはフォワードランジ(P86~87)
❸ダッシュ→ダッシュ=切り返しはサイドランジ(P88~89)
❹サイドステップ→サイドステップ=切り返しはジャンプサイドランジ(P90~91)

進み方❶の場合

## ダッシュ→バックラン

ダッシュ
切り返し=フォワードランジ
バックラン

パターン例

**パターン1**:ターンする足を同じ側にして5本→反対側5本
**パターン2**:ターンする足を交互に10本

Advice

### 加速と減速を繰り返す

バドミントンの競技特性を考えると、短い距離での加速と減速を繰り返したほうが競技に近くなるので、直結する効果が期待できる。このドリルはあくまでも例なので、さまざまなアイデアでトレーニングに取り組んでほしい。

5章

# ストレッチング

バドミントン選手にとって、とくに重要と考えられるストレッチングをピックアップ。いずれのメニューも、バドミントンの動きで柔軟性が必要となる箇所がターゲットです。時間を見つけて継続して取り組みましょう。練習や試合でのパフォーマンス向上につながります。

# 静的ストレッチングで体の柔軟性を出す

ストレッチングには、大きく分けて「静的ストレッチング」と「動的ストレッチング」の2種類があります。

静的ストレッチングは、動きに反動や弾みをつけずに筋肉をゆっくりと伸ばして、その状態を維持するストレッチングです。

一方で、動的ストレッチングは、反動や弾みをつけながら大きく関節を動かして行うストレッチングになります。

この本では、体の柔軟性を出すために有効な、静的ストレッチングのメニューを紹介していきます。バドミントンの動きに対してとくに重要だと考えられるストレッチングは、前半部分（P118頚部ストレッチングから、P124ふくらはぎストレッチングまで）にピックアップしているので、時間がないときや、いままでストレッチングに取り組んでこなかった人は、下部のポイントを踏まえて、前半部分から始めてみてください。

ただし、後半のメニューが重要ではないということではありません。取り組むことで、全身をまんべんなくストレッチすることができます。

**静的ストレッチング**
（スタティックストレッチング）

| 静的ストレッチング |
|---|
| 反動や弾みをつけずに、<br>筋肉をゆっくり伸ばしてその状態を維持する |
| もっとも安全に柔軟性を獲得できる |

**動的ストレッチング**
（バリスティックストレッチング、ダイナミックストレッチング）

| 動的ストレッチング |
|---|
| 反動や弾みをつけ、<br>大きく関節を動かしながら行う |
| ウォーミングアップに適している |

**ストレッチング（静的）を行う際のポイント**

| ストレッチング（静的）を行う際のポイント |
|---|
| なるべく体が温まっている状態で行う（お風呂上がりや練習・試合後など） |
| リラックスした状態で行う |
| 深呼吸しながら行う |
| 伸ばしている筋肉を意識する |
| 伸ばしている箇所がイタ気持ちいい位置で止める |
| 伸ばす時間は10〜20秒程度 |
| ケガをしている場合や変な痛みが出る場合は、無理をせずすぐに中止する |

041 首から肩甲骨にかかる筋肉を伸ばす

# 頚部ストレッチング

首から肩甲骨の上までつながっている筋肉を伸ばす。この筋肉が硬くなると、肩甲骨の動きが制限されてパフォーマンスが低下するばかりか、ケガにつながる可能性もある。

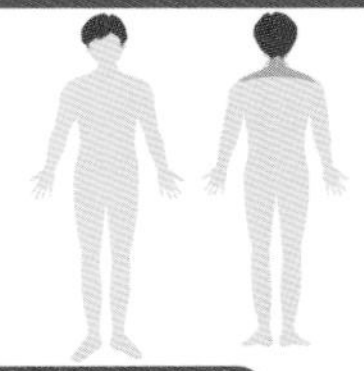

伸ばされる部位
首・肩上部

時間 片側**10〜20**秒程度　難易度 ★

## 1

背すじを伸ばし、片手を後頭部に当てる

## 2

手で頭を斜め前(右手を当てていたら右側)へ倒す。反対側も行う

Advice

**"イタ気持ちいい"場所で止める**

このストレッチングに限らず、どこまで動かして筋肉を伸ばすかの目安になるのが"イタ気持ちいい"という感覚。目的の筋肉を伸ばしていき、"痛い"と"気持ちいい"が合わさる場所で止めよう。

042 胸の大きな筋肉を伸ばす

# 胸部ストレッチング

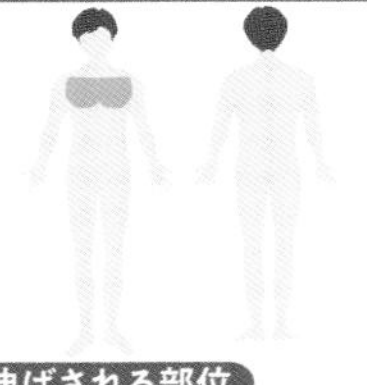

**目的** 胸の大きな筋肉（大胸筋）のストレッチング。この筋肉が硬くなっていると、肩が前に入ってしまい、腕が上がりづらい状態になるなど、肩の可動域が狭くなってしまう。

**伸ばされる部位**
胸

**時間** 片側**10〜20**秒程度　**難易度** ★

**1** 片側の肘から手を壁に添えて、添えた手と同じほうの足を軽く前に出す

**2** 手の位置を固定したまま、体を前に移動させる。反対側も行う

Advice

## 手の高さで伸びる箇所が変わる

**大胸筋は大きな筋肉のため、まんべんなくストレッチングするには、手の位置を変える必要がある。手の位置を上げれば（写真右）大胸筋の下側が、下げれば（写真左）大胸筋の上側が伸ばされる。**

Variation

## 2人1組でもできる

**壁でなくても2人1組になって対面し、お互いの手から肘を合わせることで、2人が同時にストレッチできる。**

043 お腹まわりの筋肉を伸ばす

# 腹部回旋ストレッチング

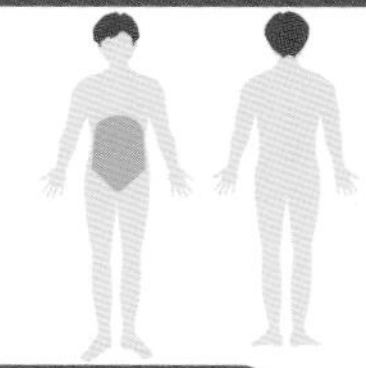

伸ばされる部位
お腹

目的 お腹まわりの筋肉のストレッチング。スマッシュやクリアーなどのショットを打つときには、利き手と反対側の腹筋に負担がかかる。ケガ予防のためにも、しっかりとストレッチングをする。

時間 片側**10〜20**秒程度　難易度 ★

1 床にうつ伏せの状態で、両手を左右に広げる

2 両肩を床につけたまま体をひねり、左足を右側（右足を左側）にもっていく

顔は足をひねったほうを向く

× 肩が浮いてしまうのはNG。肩が浮くとお腹の筋肉が伸びない

044 腰まわりの筋肉を伸ばす

# 腰部回旋ストレッチング

**目的** 体幹の回旋にもつながる腰まわりのストレッチング。体幹の回旋は、バドミントンのパフォーマンスに大きな影響を及ぼす。

**伸ばされる部位**
腰

**時間** 片側**10〜20**秒程度 **難易度** ★

1 床で仰向けの状態になり、両手を左右に広げる

2 両肩を床につけたまま体をひねり、左足を体の右側（右足を左側）にもっていく

顔は足をひねったほうとは逆を向く

× 肩が浮いてしまうのはNG。肩が浮くと腰回りの筋肉が伸びない

045 股関節周辺の筋肉を伸ばす

# 股関節前面ストレッチング

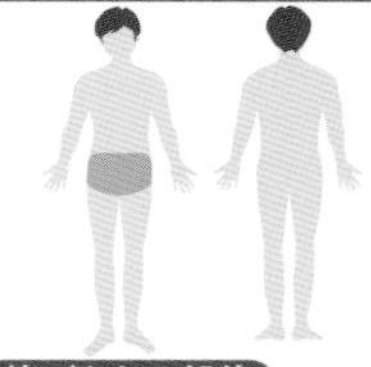

伸ばされる部位
股関節前面

目的

股関節（腸腰筋）のストレッチング。前傾姿勢をとることの多いバドミントンでは、股関節の前側にある腸腰筋が硬くなりやすい。フットワークにも悪影響が出るため、普段からリセットしておく。

時間 片側**10〜20**秒程度 難易度 ★

1 足を前後に開き、伸ばす側の膝と足の甲は床につけ、もう片方の膝は立てる

2 膝をついているほうの股関節前面がしっかり伸びるように体重をかけていく。反対側も行う

! 姿勢はつねに垂直にする

050 お尻の大きな筋肉を伸ばす

# 臀部ストレッチング

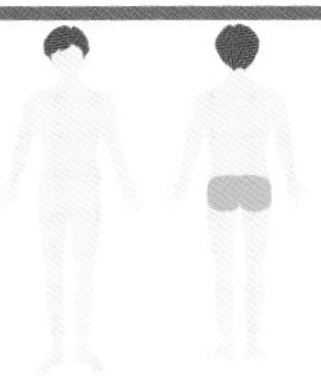

目的 お尻全体についている大きな筋肉（大臀筋）のストレッチング。フットワークでの床の蹴り出しやランジ姿勢での踏ん張りなど、使われる機会の多い筋肉のため、ケアを心がけたい箇所になる。

伸ばされる部位
お尻

時間 片側**10〜20**秒程度　難易度 ★

1 床に座った状態で手を体の後方に置いて、片側の膝を立てて足を組む

2 足の位置を固定して、お尻から動かして上半身を前に移動させる。反対側も行う

Variation

**寒い季節は立って行う**

寒い季節は冷えた床に座るとお尻の筋肉が冷えてしまう。床が冷たいときは、椅子に片手を置いてしっかりと体重を支え、足を組んでから腰を落とす方法がおすすめ。同様の効果が得られる。

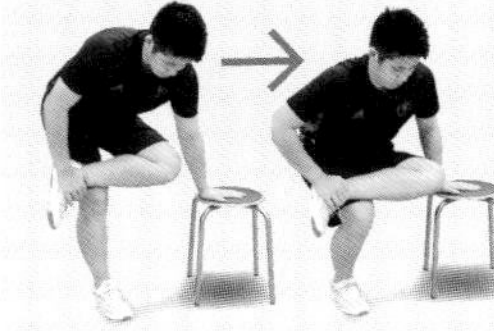

051 太ももの裏側の筋肉を伸ばす

# もも裏ストレッチング

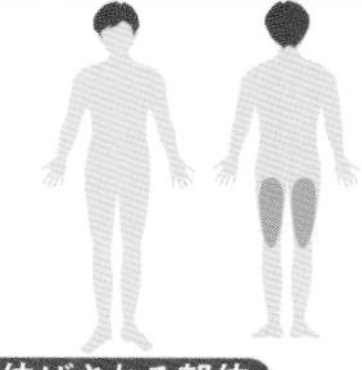

伸ばされる部位
太もも裏

目的 太もも裏側のストレッチング。お尻と同じく、床を蹴り出すときなどに使われる筋肉。ランジ姿勢で足が滑って前に大きく開いたときなどに痛めやすく、ケガ予防としても柔軟性の確保は大切になる。

時間 片側**10〜20**秒程度　難易度 ★

1 伸ばす側の足を前に出して、前に出した足の付け根に両手を置く

2 お尻を後ろへ突き出すように上半身を前に倒す。反対側の足でも行う

052 太ももの前側の筋肉を伸ばす

# もも前ストレッチング

**目的** 太もも前側のストレッチング。太ももの前側はブレーキ動作に使われる筋肉で、硬くなったままだと膝のケガにつながりやすい。疲れやすい箇所でもあるので、柔軟性を確保しておく。

**伸ばされる部位**
太もも前

**時間** 片側**10〜20**秒程度 **難易度** ★

**1** 伸ばす側の膝を曲げ、同じ側の手で足首を持つ。かかとはお尻につけ、両膝はつけておく

**2** 手で足を持ち上げながら、膝を後ろに引く

両膝をできるだけ近づける

053 すねの筋肉を伸ばす

# すねストレッチング

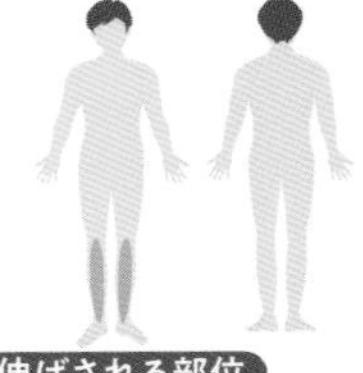

伸ばされる部位
すね

目的 すねの筋肉のストレッチング。すねの筋肉が硬くなっていると、足首の柔軟性も失われてしまう。ストレッチングによる柔軟性の確保で、パフォーマンスの低下やケガを防ぐ。

時間 片側**10〜20**秒程度　難易度 ★

1 直立した状態から、伸ばす側の足を後ろに出して、つま先を床に当てる

2 足の甲側にある親指の付け根を、まっすぐ床に押し当てる。反対側の足も行う

Advice

**足の向きに注意**

足の親指の付け根を床に押し当てる際、間違った方向に伸ばしてしまうと靱帯が伸びてしまう。床にまっすぐ押し当てて、すねの筋肉を伸ばそう。

058 指の筋肉を伸ばす

# 指ストレッチング

目的 前腕の前面や後面と同じように、ラケットワーク時に重要な指のストレッチング。細かい筋肉だがよく使う筋肉なので、しっかりケアしよう。

伸ばされる部位
指・手のひら

時間 指1本**10〜20**秒程度　難易度 ★

**指を開いた状態で手の平を上に向け、もう一方の手で指先を1本ずつ持って、指を反らせるように手前に引く。基本的には利き手だけでOK**

指を反らせるように手前に引く

親指から小指まで1本ずつストレッチングを行う

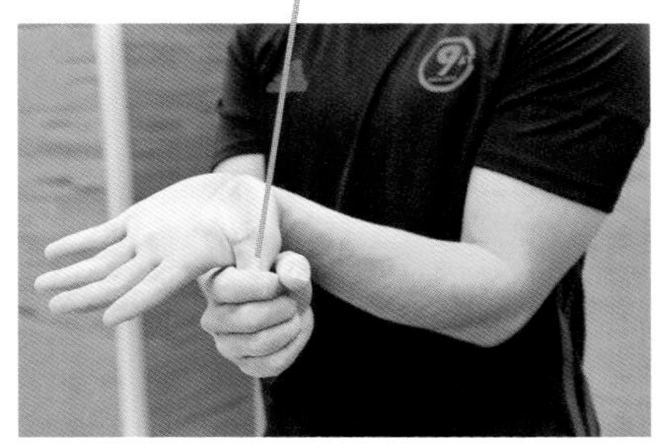

6章

# 体チェック ＆ 改善エクササイズ

良いパフォーマンスのためには、ケガの少ない効率の良い動きを獲得することが大切です。しかし、体に不具合があると伝えたい力が逃げ、うまく力が入らなかったり、特定の部位にストレスがかかりケガをしたりします。自分の体をチェックして、問題があった場合には改善できるように取り組みましょう。

# 柔軟性はパフォーマンスの向上に必要

この章では、私が日本代表チームの高校生年代からA代表までをサポートしてきた経験の中で、最低限必要だと感じている体の柔軟性をピックアップしました。なぜ柔軟性が必要なのでしょう。

例えば、深く踏みこんでシャトルを打つ際、足首が硬いとつま先が外を向いた状態で膝は内側に入ってしまいます。

このような使い方をしていると、力が逃げてしまうばかりか、足首と膝に大きなストレスがかかり、ケガにつながってしまいます。本来であれば、膝とつま先が同じ方向を向いた状態が、力が入りケガをしにくい使い方になりますが、足首が硬いことが原因で、正しい使い方ができなくなってしまいます。

また、胴体部分の柔軟性低下は打てる範囲を狭め、結果的に手打ちになることが多く、肩や肘のケガにつながってしまいます。このように体の柔軟性の低下は、パフォーマンスを下げ、ケガのリスクを増すため、問題がある場合は改善の必要があります。

本章には、足首の不安定性についてのチェック項目もあります。足首の捻挫はバドミントンにおいてよくあるケガの一つですが、痛みがとれた時点で復帰している選手が多く見られます。しかし、捻挫によって足首を安定させる役割がある靱帯が損傷しているので、痛みが引いたとしても、トレーニングをしなければ足首はグラグラと不安定なままです。その状態では、パフォーマンスが低下したままでのプレーになるだけではなく、膝や腰のケガにもつながりかねません。

今回ピックアップした項目（下表）をチェックして、各部位の柔軟性が足りていなかったり、足首が不安定だったりした場合は、トレーニングで改善していきましょう。パフォーマンスの向上とケガの予防につながるはずです。

| チェック項目 | メニュー（掲載ページ） |
| --- | --- |
| 足首の柔軟性 | しゃがみ込みテスト（P138） |
| 足首の不安定性 | 片足立ちテスト（P145） |
| 股関節の柔軟性 | 開脚肘つきテスト（P152） |
| 体幹回旋の柔軟性 | 仰向け回旋テスト（P154） |
| 肩の柔軟性 | 肩後面インナーマッスル柔軟性テスト（P158） |

059 足首の柔軟性を確認する

# しゃがみ込みテスト

目的　足首の柔軟性をチェックするためのテスト。できない場合は、足首の柔軟性が足りない（足首が硬い）ことになるので、メニュー060～062に取り組んで改善する。

判定　つま先からかかとまでを床につけた状態で、しゃがみ込めたら○

テスト部位
足首

**1** 両足をそろえた状態からスタート

**2** つま先からかかとまで、床につけた状態を保ちながらしゃがみ込む

## 063 足首の不安定性を確認する

# 片足立ちテスト

**目的** 足首の不安定性をチェックするためのテスト。姿勢を維持できない場合は、足首が不安定になっているので、メニュー064〜067に取り組んで改善する。

**テスト部位**
足首

**判定** **30**秒間キープできたら○

直立の姿勢で目を閉じて構える。両手を左右に伸ばし、片足を上げて重心を大きく動かさずに30秒間キープする。反対の足でも行う

**Check!**

○ 重心を動かさず、安定した姿勢を30秒間保てればOK

× 重心が大きく傾いたり、上げた足をついてしまったりした場合は、改善メニューに取り組む

064
065
066
067 へGO！

064 足首の安定性を取り戻す

# 開眼片足バランス

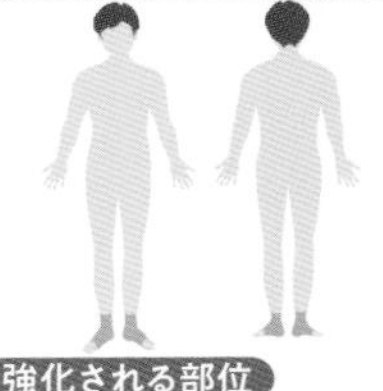

強化される部位
足首

目的

捻挫などのケガにより、不安定になった足首の機能を取り戻すトレーニング。元々、足首が不安定な場合も効果がある。

時間 片側**30**秒を目安　難易度 ★

基本は「片足立ちテスト」と同じ。目を開けた状態で片足を上げて30秒間、姿勢をキープする。反対の足でも行う

目を開けた状態でバランスをとる

! 体を大きく動かさず重心を安定させる

2 足の指に力を入れてグッと曲げ、タオルを手前に引き寄せる。この動作を繰り返し、反対の足も行う

開いた足の指をグッと曲げて、タオルを引き寄せていく

068 股関節の柔軟性を確認する

# 開脚肘つきテスト

**目的** 股関節の柔軟性をチェックするためのテスト。股関節はすべての動きのエンジンとなる部分であり、柔軟性があることでプレーの幅も広がる。

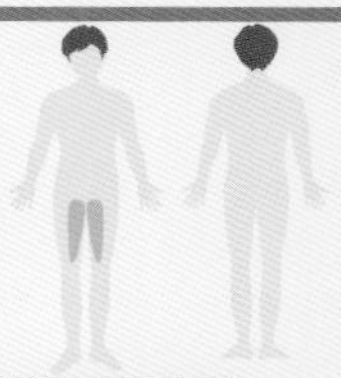

**テスト部位**
太もも内

**判定** 10秒キープできたら○

**1** 座った状態で大きく開脚し、背すじを伸ばす

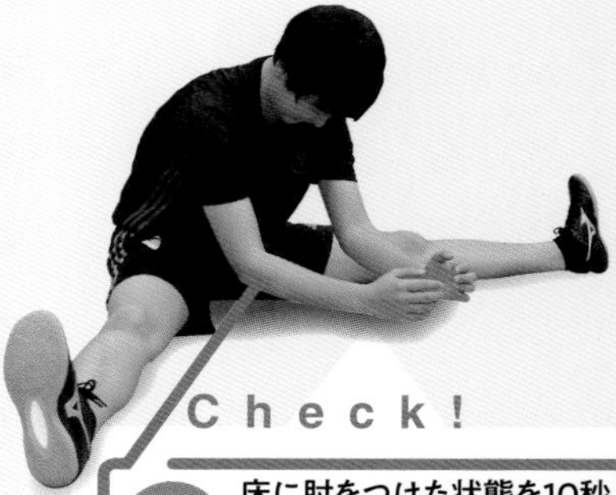

**Check!**

○ 床に肘をつけた状態を10秒間キープできればOK。股関節の柔軟性が確保されている

× 上体が倒れず、床に肘がつけられなければNG。股関節の柔軟性が不足している

046
069 へGO！

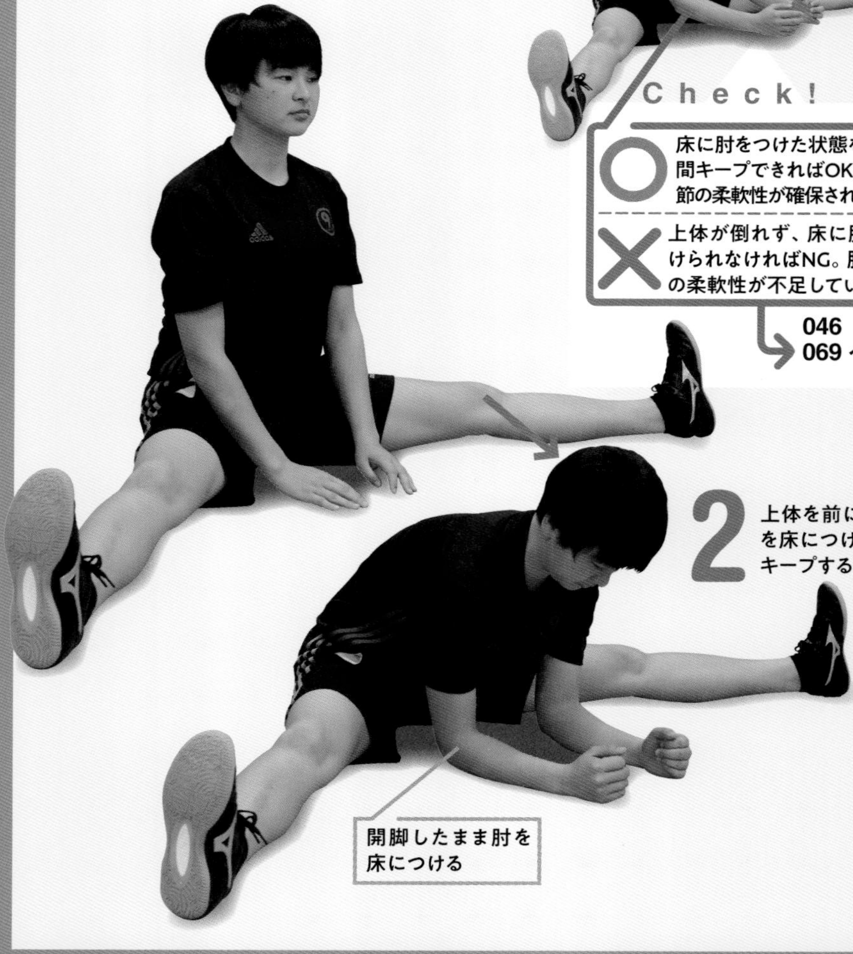

**2** 上体を前に倒して肘を床につけ、10秒間キープする

開脚したまま肘を床につける

069 股関節の柔軟性を獲得する

# 四股踏みストレッチング

太ももの内側の筋肉（内転筋）をストレッチングすることで、股関節の柔軟性を獲得する。

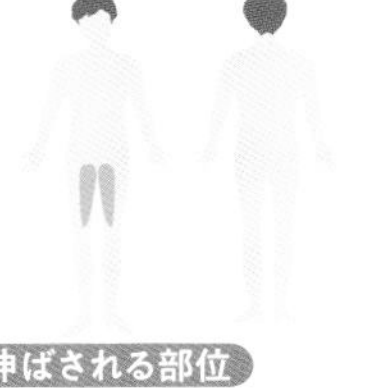

伸ばされる部位
太もも内

時間 10〜20秒程度 難易度 ★

1 直立の姿勢から、足を左右に大きく開く

2 左右の太ももが水平になるくらいまで下げる。このとき、手で膝を外側に押すようにするともっと伸びる

お尻は後ろに突き出さず、真下に腰を落とす

070 体幹回旋の柔軟性を確認する

# 仰向け回旋テスト

目的 体幹回旋の柔軟性をチェックするためのテスト。×の場合は、体幹回旋の柔軟性が不足していることになる。メニュー071と072に取り組んで改善する。

テスト部位
胴体

判定 膝と両肩が床につけば○

1 床で横向きに寝て、両手を前に伸ばして合わせる。股関節と膝は90度曲げる

Check!

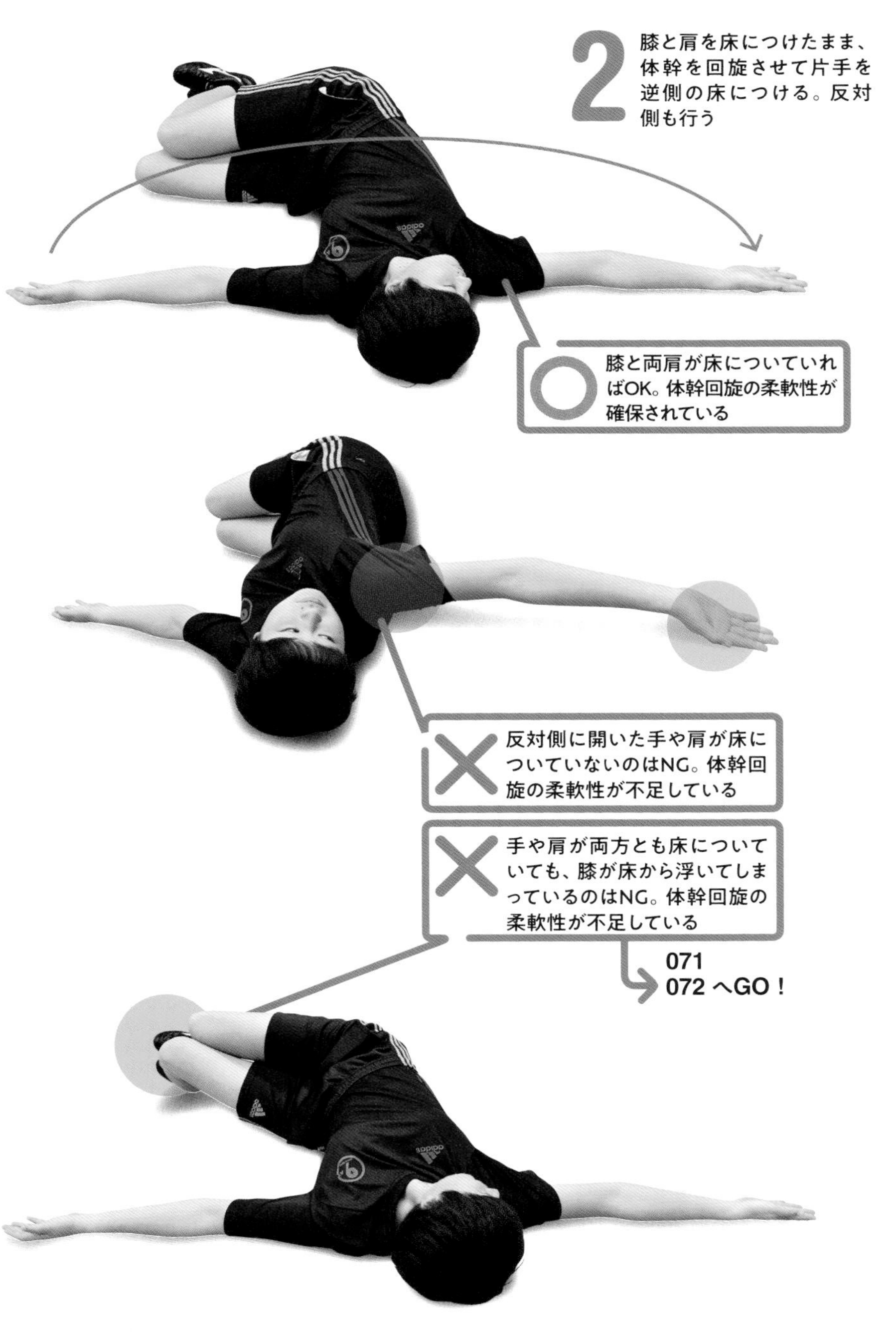
2
膝と肩を床につけたまま、体幹を回旋させて片手を逆側の床につける。反対側も行う
膝と両肩が床についていればOK。体幹回旋の柔軟性が確保されている
反対側に開いた手や肩が床についていないのはNG。体幹回旋の柔軟性が不足している
手や肩が両方とも床についていても、膝が床から浮いてしまっているのはNG。体幹回旋の柔軟性が不足している
071
072へGO！

071 体幹回旋の柔軟性を獲得する

# 腹部回旋ストレッチング

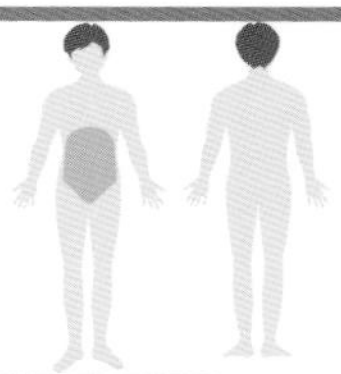

目的 お腹まわりの筋肉をストレッチングすることで、体幹回旋の柔軟性を獲得する。動きとしてはメニュー043「腹部回旋ストレッチング」と同じ。

伸ばされる部位
お腹

時間 片側**10〜20**秒程度　難易度 ★

**1** 床にうつ伏せの状態で、両手を左右に広げる

**2** 両肩を床につけたまま体をひねり、左足を右側(右足を左側)にもっていく。反対側も行う

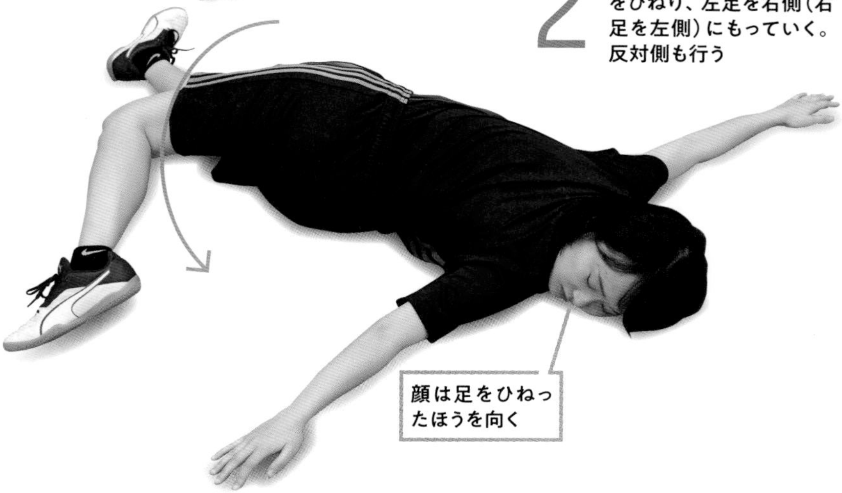

顔は足をひねったほうを向く

## 072 体幹回旋の柔軟性を獲得する

# 腰部回旋ストレッチング

**目的** 腰まわりの筋肉をストレッチングすることで、体幹回旋の柔軟性を獲得する。動きとしてはメニュー044「腰部回旋ストレッチング」と同じ。

**伸ばされる部位** 腰

**時間** 片側**10〜20**秒程度　**難易度** ★

**1** 床で仰向けになり、両手を左右に広げる

**2** 両肩をつけたまま体を回旋させて、片足を体の反対側にもっていく。反対側も行う

両肩は床につけたままの状態を保つ
顔は足をひねったほうとは逆を向く

073 肩の柔軟性を確認する

# 肩後面インナーマッスル柔軟性テスト

テスト部位
肩後面

**目的** 肩後面の柔軟性をチェックするためのテスト。×だった場合は、肩後面の柔軟性が不足していることになるので、メニュー048、074に取り組んで改善する。

**判定** 肘が45度以上前に出れば○

**1** テスト側の手の甲を側腹につけ、空いている手で肘を持つ

**2** 肘をゆっくりと前にもってくる。反対側も行う

## Check!

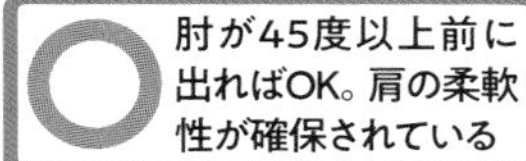
肘が45度以上前に
出ればOK。肩の柔軟
性が確保されている

45°

45度以上は○

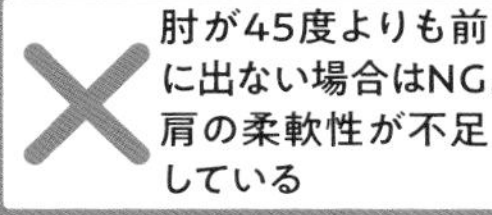
肘が45度よりも前
に出ない場合はNG。
肩の柔軟性が不足
している

048
074 へGO！

45°

45度以下は×

074 肩の柔軟性を獲得する

# 肩後部内旋ストレッチング

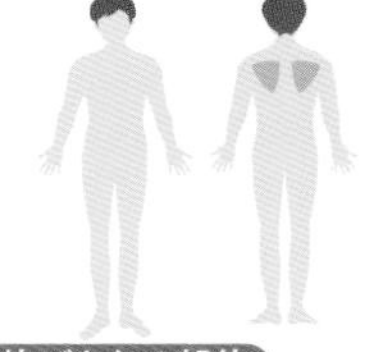

目的 肩まわりをストレッチングすることで、肩の柔軟性を獲得する。肩甲骨など肩まわりの柔軟性が不足していると、ケガにつながりやすい。

伸ばされる部位
肩後面

時間 片側**10**〜**20**秒程度　難易度 ★

1 **伸ばすほうの肘を肩の高さまで上げて、壁に肩と肘をつける**

2 **もう一方の手で、壁につけているほうの手を下げていく。壁につけているほうの肩が伸びる。この動作を繰り返し、反対側も行う**

## Variation

**横になって**

1 横向きに寝て、伸ばすほうの肘を肩と平行にして床につける

2 もう一方の手で、床についているほうの手を下げていく。床についているほうの肩が伸びる。この動作を繰り返し、反対側も行う

# 7章 バドミントンに必要なトレーニングとは

本書で紹介しているトレーニングは、「体幹強化」「胴体の動きづくり」「胴体と腕の接続」「バネ感覚」「股関節」の5つの強化ポイントに分けられ、いずれもバドミントンに必要な要素です。それぞれについてより詳しく知ることで、トレーニングの効果を上げていきましょう。

# 体の中心部を使うための5つのポイント

すでにお伝えしているように、トップレベルの選手たちは体を効率良く使います。筋肉の大きな部分、つまり体の中心に近い部分の筋肉を主導で使い、体を連動させてムチのように動かすことができれば、多くのメリットがあります。

体を効率良く使うためには、「姿勢」と「体の中心部を使う」ことが大切だと説明しましたが、この章では1章で説明している「姿勢」についてのおさらいをし、また「体の中心部を使う」ことへの理解を深めていきましょう。

まずは「姿勢」について。プレー時の姿勢をよくすることは重要ですが、悪い姿勢の人がプレー時のみ姿勢を意識しても、なかなか改善されません。日常生活から姿勢を正しくすることで、プレー時の姿勢も自然とよくなります。日常生活でとることが多い立位姿勢と座位姿勢を中心に、良い姿勢を理解して実践していきましょう。

**●良い姿勢に共通するポイント**

❶骨盤を立てる
❷頭の頂点から糸で引っ張られる意識
❸アゴを軽く引き、お腹は軽く力が入る
❹手足の力は抜く

もう一つのテーマである、「体の中心部を使う」について。体の中心部を使おうと思っても、普段から使えていない選手はトレーニングで意識的に動かしていかないと、使えるようにはなれません。本書で紹介しているトレーニングには、体の中心部を使うためのポイントが5つあります。

それぞれのポイントと目的は下表のとおりですが、次ページからも詳しく解説しています。トレーニングへの理解を深めたい場合は読んでみてください。トレーニング中もポイントを意識しながら行うことで、効果が上がります。

| | 5つのポイント | 目的 |
|---|---|---|
| ❶ | 体幹強化 | 強靭な体幹をつくる |
| ❷ | 胴体の動きづくり | 胴体の動きを出し、体の中心を使えるようにする |
| ❸ | 胴体と腕の接続 | 胴体と腕の接続を強くし、力をスムーズに伝える |
| ❹ | バネ感覚 | バネのような感覚で、地面の反発力を利用した動きをつくる |
| ❺ | 股関節 | 股関節を中心に使えるようにし、鍛える |

# 1 体幹強化トレーニングのポイント

## プレー時の体幹の安定性には腹筋を鍛えることが大切

体幹強化トレーニングでは、腹筋を鍛えることがメインになってきます。腹筋は大きく腹直筋、内腹斜筋、外腹斜筋、腹横筋の4つから構成されており、その中でもプレー時の体幹の安定性に重要な筋肉が腹横筋です。腹横筋は幅広く、腰の部分にコルセットのようについている筋肉です。

Step1（P20～25）とStep2（P70～75）の体幹強化トレーニングは、この腹横筋を強化するメニューです。これらのトレーニングを実施するにあたり注意してほしいのは、腹筋以外の肩や腕、足などに力が入らないようにすることです。腹筋以外の筋肉に力を入れないと、トレーニング中の姿勢が保てないようであれば、強度を落としたり、実施する秒数を短くしたりしてください。筋力が足りないのにもかかわらず、Step2のトレーニングに取り組んでも、腹横筋には十分な刺激がいきません。まずは、Step1のトレーニングをしっかりとやりこむことをおすすめします。

また、Step3の体幹強化トレーニングである足上げ腹筋（P94～101）は、腹横筋だけではなく、他の筋肉にも刺激がいくようなメニューになっています。ただし、少し強度が高くなるため、間違ったフォームで行わないように注意しましょう。足上げ腹筋では、足を上げたときに腰に隙間ができてしまうと、トレーニング効果が落ちるばかりではなく、腰痛につながる恐れもあります。腰の隙間ができない範囲で足を上げ下げするなど調整して強度を下げ、それでも腰に痛みが出るようであれば、トレーニングを中止してください。

Step1･2の体幹キープ系トレーニングで腹横筋を鍛えよう

# 2 胴体の動きづくりトレーニングのポイント

## 背骨の動きを出して胴体の回旋を使った動きをしよう

速いスマッシュや相手に読まれづらいショットを打つ、相手の強い球をしっかりレシーブしたいなど、プレーの質を高めるためには、胴体の動きづくりの中でも、胸椎（背骨の胸部分）の動きを出すことが重要です。

手打ちになっている選手は、たくさんショットを打ったあとに、肩や腕の筋肉が張ってきます。一方で、よい打ち方をしている選手は、胸椎周辺に張りが出ます。この違いは、よい打ち方の場合は胸椎の回旋を使って打っているからです。強い球を打とうとして、肩や腕の動きを意識して強く振ろうとしたり、肩や腕を太くしようとトレーニングに励んだりしている選手もいますが、それらは逆効果です。

胸椎の動きを出し、体全体を連動させてムチのように使って打つことができれば、自然と速いスマッシュや強いレシーブなどは打てるようになります。手打ちよりもムチのような体の使い方をしたほうが、コントロール力も上がるでしょう。

また、相手が打ってくるさまざまな球に対応する必要があるバドミントンでは、必ずしも自分が打ちやすい体勢で打てるわけではありません。厳しい体勢で打つ場面も少なくないでしょう。厳しい体勢からでも強い球を打ち、コースに打ち分けて相手よりも優位に立つために、胴体の動きづくりは重要な役割を果たします。胴体の動きを出すことで、今まで届かなかった球がとれるようになる可能性もあります。

Step 1 の胴体の動きづくりトレーニングの中でも、交互前後リーチ運動（P34）は重要なトレーニングです。しっかり取り組んでください。

交互前後リーチ運動で胴体の回旋動作を強化できる

# 3 胴体と腕の接続トレーニングのポイント

## 体全体を連動させるには肩関節の安定性が重要

下半身で生み出された力は、胴体から腕、最終的にはラケットへと伝わってショットを打つことになります。このような体全体を連動させた動きをするためには、胴体と腕の接続部分である肩関節の安定が不可欠です。

肩関節の機能が低下して不安定になっていれば、下半身から伝わってきた力は逃げてしまいます。その結果、ショットを腕だけの力で打つことになり、手打ちの原因となることもあります。5つの関節から構成されている肩関節の中でも、本書では安定性のポイントとなる肩甲上腕関節と肩甲胸郭関節に、焦点を当ててメニューを構成しています。

肩甲上腕関節は、肩甲骨と上腕骨をつないでいる関節で、動く範囲が広いぶんだけ非常に不安定な関節です。安定性を確保するためにはインナーマッスルが重要になり、Step1のチューブトレーニング（P42～53）が、それを鍛えるメニューになっています。ウォーミングアップに取り入れるなど、継続して鍛えていきましょう。

また、肩甲胸郭関節も肩関節の安定性には非常に重要です。肩甲骨は胸郭（肋骨など胸部をおおっている骨格）の上にのっているのですが、これらをつなぐ肩甲胸郭関節は他の関節とは異なり、筋肉だけでつながっています。そのため、筋肉の機能低下が起これぱすぐに不安定になり、力の連動がうまくいかなくなって手打ちの原因となります。

とくに手打ちの選手や強いショットが打てない選手は、肩甲骨が胸郭から浮いていたり、肩がすくむように上がって、つねに肩上部に力が入っていたりするケースが多く見られます。

Step1の四つん這い両肩甲骨内＆外転（P38）と四つん這い片肩甲骨内＆外転（P40）、Step2の肩甲骨立て伏せ（P82）は肩甲胸郭関節の安定性を意識したメニューになっているので、日常的に鍛えることで肩関節の安定を目指しましょう。

Step1・2の胴体と腕の接続メニューに取り組んで肩関節を鍛えよう

# 4 バネ感覚と股関節トレーニングのポイント

## 衝撃を吸収せず反発させて動く

人間には、生まれつき防御反応が備わっています。例えば、高い所から飛び降りるときには、股関節や膝関節、足関節をうまく使って、衝撃を吸収するように着地すると思います。しかし、この防御反応は、バドミントンの動きにおいてはフットワークが遅くなるばかりではなく、下半身で力を生み出せずにショットが弱くなるなど、邪魔になってしまいます。

トップレベルの選手は、体をバネのように使います。詳しくは割愛しますが、筋肉の中でもバネのような弾性エネルギーを生み出す腱の部分を利用して動いているので、省エネながらも爆発的な動きができています。Step1のアンクルホップ（P56）で、体をバネのように使う感覚を養い、その感覚をバドミントンの動きにつなげるためのトレーニングとして、スピードフォワードランジ（P60）やスピードサイドランジ（P64）があります。速いフットワークや力強いショットを打つためにも、バネ感覚をしっかり身につけましょう。

## 大きな筋肉がついている股関節は大きな力を生み出せる

股関節は、足首や膝などと比べて大きな筋肉がついている関節です。筋肉が大きいということは、大きな力を出すことができます。しかし、パフォーマンスの上がらない選手は股関節を使うことができずに、膝中心の動きをしています。膝が中心になると、大きな力が出ずにフットワークのスピードが上がらないだけではなく、余計な体力を消耗するため、バテやすくケガにつながるなどデメリットが多くあります。

まずはStep1の股関節トレーニング（P58～67）で股関節の使い方を習得し、Step2（P86～91）やStep3（P108～115）へとつなげていきましょう。これらのトレーニングでは、筋力をつけることも大切ですが、効率良く動くきっかけをつくることができれば、プレー時のパフォーマンスに直結した効果が期待できます。

ランジ動作では股関節を使う感覚を養う

Column

# バドミントンに大切な体の部位

本書の中で頻繁に使用している、体の部位を示す言葉について説明します。

まずは「体幹」について。体幹は手足を除いた胴体部分、つまり胸、お腹、背中、腰の部分を含めて体幹といいます。

次に「肩甲骨」ですが、肩甲骨は肩関節を構成する一つの骨です。羽のような形をしていて、筋肉を介して背中についています。バドミントンのプレーでも、下半身から胴体へと伝わってきた力を、腕に連動させるために重要な役割を果たしています。

また、体の中心部にあり、体を支える機能や神経の保護、運動の機能といった役割をもっているのが「背骨」です。とくに胸椎（背骨の胸部分）に関しては、回旋運動を主としており、ショットを打つ際には背骨部分の回旋をうまく使えることが、良いショットを打つうえで重要になってきます。

そして、「股関節」は胴体と足をつなぐ関節で、下半身の関節の中でも最も大きく強靱な関節です。股関節の周囲には大きな筋肉がついています。大きな筋肉は大きな力を発揮するので、下半身においては股関節を中心に使えるように強化していくことが大切です。

体幹

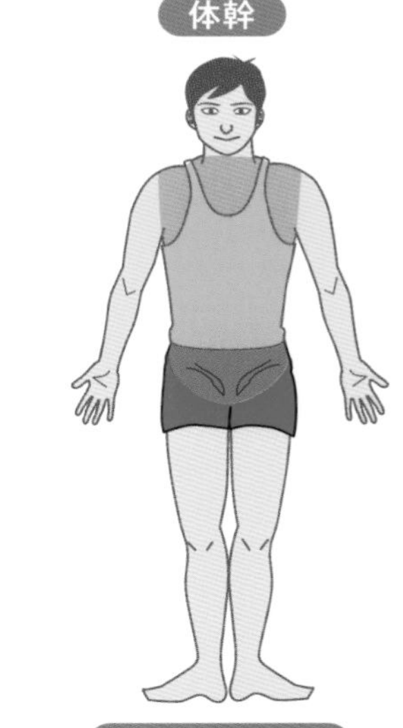

肩甲骨と胸椎

肩甲骨
胸椎

股関節

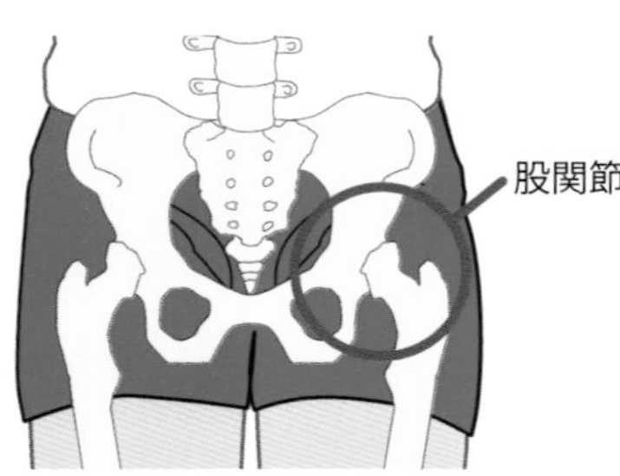
股関節

# 試合や練習の準備とケアを大切にする

## ウォーミングアップとクーリングダウンを習慣に

練習や試合の前後に行う、ウォーミングアップとクーリングダウンもパフォーマンスアップのためには大切な要素です。

その中で行われるストレッチングには、大きく分けて静的ストレッチングと動的ストレッチングの２種類があります。静的ストレッチングは筋肉をゆっくりと伸ばして状態を維持することで、最も安全に柔軟性を獲得できます。一方で、反動や弾みをつけて、大きく関節を動かしながら行う動的ストレッチングは、ウォーミングアップに適しています。

ウォーミングアップの目的は、「パフォーマンスアップ」と「ケガの予防」です。試合や練習で良いパフォーマンスを発揮するために、しっかりと全身に刺激を入れることで筋肉の温度を上げ、体がスムーズに動きやすい状態をつくりましょう。また、ストレッチングについては、動的ストレッチング（本書で詳細は割愛）を中心に行うと効果的です。大まかな流れは右表のとおりですが、人によって適切なメニューは異なりますので、自分で最適な方法を見つけてください。

クーリングダウンの目的は「疲労回復」と「ケガの予防」です。試合や練習で溜まった疲労をできるだけ翌日に残さないためにも、クーリングダウンの時間はきっちりと確保しましょう。翌日の良いパフォーマンスの準備にもなるので、しっかり行う習慣をつけることが大切です。練習後にクーリングダウンを行う時間や場所がない場合でも、帰宅後のお風呂上がりなどに、静的ストレッチングを長めに行うことで効果が得られます。

### ●ウォーミングアップの流れの例

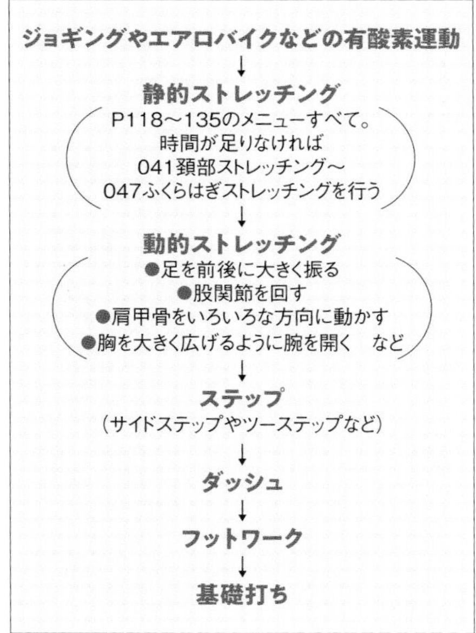
ジョギングやエアロバイクなどの有酸素運動
↓
静的ストレッチング
P118～135のメニューすべて。
時間が足りなければ
041頸部ストレッチング～
047ふくらはぎストレッチングを行う
↓
動的ストレッチング
●足を前後に大きく振る
●股関節を回す
●肩甲骨をいろいろな方向に動かす
●胸を大きく広げるように腕を開く　など
↓
ステップ
（サイドステップやツーステップなど）
↓
ダッシュ
↓
フットワーク
↓
基礎打ち

### ●クーリングダウンの流れの例

**ジョギングやエアロバイクなどの有酸素運動**
＊楽に会話ができるくらいのペース
↓
**静的ストレッチング**
（メニューは上記ウォーミングアップと同じ）

おわりに

# 自分で考え、継続して取り組んでほしい

私はトレーナーとしてトレーニング指導や治療など、練習や試合のサポートを通して、いろいろな選手を近くで見てきました。その中でも結果が出ている選手は、自分が成長するために今何が必要で、何をするべきかをつねに考えながら、練習や試合に取り組んでいます。がむしゃらに努力することも大切だとは思いますし、信頼するコーチやトレーナーの言うことを聞いて行動することも大切です。しかし、さらに一歩踏み出して成長するためには自分で考えて行動する力が必要だと、私自身いろいろな選手を見て感じています。

本書では、体を上手に使うためのトレーニングを紹介させていただきましたが、本書のメニューがすべてではなく、考え方や方法はさまざまです。トレーニングの本はいくつも出版されており、インターネットではさまざまな情報があふれています。いったい何が正解なのかわからなくなることもあるでしょう。しかし、そういった情報に振り回されるのではなく、一つのヒントとして自分で考え、トレーニングに取り組むことができれば、さらなるレベルアップが図れます。

本書においても自分自身で考え、必要だと思えばしっかりと継続して取り組む姿勢が大切です。そうすれば結果はついてくると思います。

神田潤一

**神田潤一** かんだ・じゅんいち

公益財団法人日本バドミントン協会医事・トレーニング管理部員。1985年4月16日生まれ。滋賀県出身。九州保健福祉大学社会福祉学部スポーツ健康福祉学科助教。高校野球や大学サッカー、社会人男子ソフトボールなど、さまざまな競技でトレーナーとして活動。現在は九州保健福祉大学でトレーナー教育に携わる一方、バドミントン日本代表チームのトレーナー(2013年〜)として、国内外での試合や合宿に帯同し、代表選手のサポートを行っている。

撮影協力
馬渡倫瑠、西田裕志、山口真琴、佐藤邑風、菊池真央

神田潤一
学歴

| |
|---|
| 滋賀県立草津東高等学校(2004年3月卒) |
| 日本体育大学体育学部体育学科(2008年3月卒) |
| 日本鍼灸理療専門学校(2011年3月卒) |
| 九州保健福祉大学大学院(2017年3月卒) |

資格

| |
|---|
| 日本スポーツ協会公認アスレティックトレーナー |
| JPSUスポーツトレーナー<br>*JPSU:一般社団法人 全国体育スポーツ系大学協議会 |
| 鍼・灸師 |
| あん摩マッサージ指圧師 |
| 高等学校教諭 第1種 (保健体育) |

参考文献

1)公益財団法人日本スポーツ協会:公認アスレティックトレーナー専門科目テキスト 第2巻 運動器の解剖と機能(株式会社 文光堂)
2)公益財団法人日本スポーツ協会:公認アスレティックトレーナー専門科目テキスト 第5巻 検査・測定と評価(株式会社 文光堂)
3)公益財団法人日本スポーツ協会:公認アスレティックトレーナー専門科目テキスト 第6巻 予防とコンディショニング(株式会社 文光堂)
4)公益財団法人日本スポーツ協会:公認アスレティックトレーナー専門科目テキスト 第7巻 アスレティックリハビリテーション(株式会社 文光堂)

競技力が上がる
体づくり

# バドミントン うまく動ける体になるトレーニング

2020年8月15日　第1版第1刷発行

著　者／神田潤一
発行人／池田哲雄
発行所／株式会社ベースボール・マガジン社
〒103-8482
東京都中央区日本橋浜町2-61-9　TIE浜町ビル
電話 03-5643-3930（販売部）
　　 03-5643-3885（出版部）
振替口座 00180-6-46620
http://www.bbm-japan.com/

印刷・製本／広研印刷株式会社
©Junichi Kanda 2020
Printed in Japan
ISBN978-4-583-11243-5　C2075

*定価はカバーに表示してあります。
*本書の文章、写真、図版の無断転載を禁じます。
*本書を無断で複製する行為（コピー、スキャン、デジタルデータ化など）は、私的使用のための複製など著作権法上の限られた例外を除き、禁じられています。業務上使用する目的で上記行為を行うことは、使用範囲が内部に限られる場合であっても私的使用には該当せず、違法です。また、私的使用に該当する場合であっても、代行業者等の第三者に依頼して上記行為を行うことは違法となります。
*落丁・乱丁が万一ございましたら、お取り替えいたします。